Foreword:

Dear reader,

First of all, thank you very much for your trust. This textbook is intended to be used alongside a course, but self-learners can also work with it without any problems and acquire a very good knowledge of the language. It is deliberately not designed for a "playful" learning of a language, of which books are available in large numbers. Unfortunately, learning a foreign language "on a trial basis" usually brings little success, and it takes a long time as well. Are you a tourist, business traveler or property owner in Spain who would like to talk to locals or sometimes even has to do so? Then you've come to the right place.

I have, therefore, designed this Spanish course differently to other works. It has been created to guide you through the systematic and intensive learning of the Spanish language, and it contains all the important elements of grammar with lots of example sentences, and a large vocabulary section. I don't make any reference to the different learning levels that professional translators, correspondents or interpreters need to reach.

I have deliberately avoided beautiful photos of buildings and beaches because they only distract from learning, although there are of course plenty of motifs in Spain. Within a few weeks, you will certainly want to know more of the language than the phrase: "*Una cerveza, por favor*" ("A beer, please"). The requirements here go, therefore, well beyond ordering food in a restaurant, and they also include a certain amount of time that you should spend on your self-study.

This book will be the first in a series which has been planned to familiarize you with the systematic learning of foreign languages. In the future, I plan to publish analogous textbooks with exactly the same structure for learning German, French, Portuguese, Dutch, and Danish languages. I will also be happy to give lessons in these languages on request. I am looking forward to your feedback, just send me an e-mail to

hermann.sicius@web.de.

If you would like to continue and learn Spanish now: Welcome!
I wish you much success! *¡Quisiera desear mucho éxito a usted!*

And so we have arrived at the first peculiarity, the form of address "you". "*Usted*" (in the plural "*ustedes*") has been created a long time ago by combining the words "*vuestra merced*" ("Your Grace"), and it gets abbreviated in texts as vd. (plural: vds.).

But now have fun learning Spanish!

About the author: Dr. Hermann Sicius holds a doctorate in chemistry and wrote the reference work "Handbuch der Chemischen Elemente" for Springer Publishers (Heidelberg and Berlin), which is available both in German and its translation into English (Handbook of the Chemical Elements"). In April of 2025, his book called „Eine Reise durch die Erdgeschichte – Werden wir künftige Erdbeben besser überstehen?" will be published by Springer as well, first in German language.

Hermann Sicius has traveled the world both privately and professionally, and he has learned a total of ten languages. This gave rise to the idea of creating textbooks of this kind, which would motivate the reader to study the language intensively and quickly make good progress in it.

This book is dedicated to my wife and children:
Susanne Petra Sicius-Hahn
Fabian Philipp Hahn
Elisa Johanna Hahn

Publisher: BoD · Books on Demand GmbH,
In de Tarpen 42, 22848 Norderstedt,
bod@bod.de
Print: Libri Plureos GmbH,
Friedensallee 273, 22763 Hamburg
ISBN: 978-3-7693-5111-8

Contents

1. Spanish Alphabet

Letter	Pronunciation	Spanish	Translation into English	Phonetically similar in English
a	[a]	además	also	but
b	[be]	el barco	the ship	bathroom, basin
c	[θe] before e, i	el centro	the center	thin
	[ka] before a, o, u	el cobre	the copper	copper, core
ch	[tʃe]	el chico	the boy	children
d	[en]	a la derecha	right	duck
e	[e]	en	in	enclose
f	['efe]	el jefe	the boss	fire
g	[xe] before e, i	la gestión (ch)	the administration	------
	[ge] before a, o, u	el gobierno (g)	the government	give
h	['atʃe]	hola	hello	(silent)
i	[i]	inglés	English	inside
j	['xota]	el jabón	the soap	------
k	[ka]	el kilo	the kilo	kilometre
l	['ele]	la luz [luθ]	the light	large, lip
ll	[lj], [j]	la calle	the road	-------
m	['eme]	la madre ['maːdre]	the mother	milk

n	['ene]	la noche ['notʃe]	the night	nut
ñ	['eɲe]	la niña	the girl	-------
o	[o	el oso	the bear	often
p	[pe]	el padre	the father	patriot
q	[ku]	que	that	cold
r	['ere]	la rueda	the wheel	run
s	['ese]	sencillo	simple	sick
t	[te]	el tema	the topic	tin
u	[u]	la universidad	the university	rule
v	['uβe]	veinte	twenty	beer
w	['uβe 'ðoβle]	el wafle	the waffle	kilowatt
x	['ekis]	el xilófono	the xylophone	ox, axe
y	[i'ɣɾjeɣa]	y	and	Italy
z	['θeta]	el zapato	the shoe	theft
Accents				
ión	[jon]	la nación	the nation	------
á	['a]	será	he, she it will	aha
é	['e]	verré	I will see	fiancé
í	['i]	repeat	repeat	to see
ó	['o]	el ladrón,	the thief	on
ú	['u]	la búsqueda	the search	the soup
ü	u sound before e, i	argüí	I argued	to argue

2. Stressing Spanish Words

The rules for stressing Spanish words are relatively simple. Almost all words can be categorized into one of the following groups:

If a word ends with an **n**, **s** or **vowel**, it is stressed on the penultimate syllable. This rule applies to most Spanish words:

mesa (table)   bo**tel**la (bottle)   za**pa**to (shoe)
ca**mi**sa (shirt)

Words ending in all other letters (not n, s and vowels) are stressed on the last syllable:

pa**pel** (paper)   na**riz** (nose)   sa**lud** (health)
ciu**dad** (city)

Words with an accent over a vowel are always stressed on the syllable of the word that carries the accent:

Fran**cés** (French)   **rá**pido (fast)   **í**ndice (index)
an**ó**nimo (anonymous)

Exceptions are:

Words and names that have been "imported" into Spanish from foreign languages. These are often written without an accent and emphasized in the same way as in the original language:

Fair-play   match-ball   spray   sandwich

Sometimes the accent is only used to distinguish words spelled the same way and not to distinguish the pronunciation, for example in:

el (article) and él (pronoun), or
si (if, in conditional sentences) and sí (yes)

3. Indefinite and Definite Articles

There are only two genders in Spanish: masculine (m) and feminine (w).

Indeterminate article
Singular: un (m) / una (w)   Plural: unos (m) / unas (w)

un libro: a book   *unos libros:* (several) books
una casa: a house   *unas casas:* (several) houses

Specific article
Singular: el (m) / la (w)   Plural: los (m) / las (w)

el coche: the car   *los coches:* the cars
la almendra: the almond   *las almendras:* the almonds

Exception: feminine nouns beginning with a vowel:
el *agua*: the water (not: *la agua!*)

4.   Nouns

Nouns ending in **-o** are usually masculine, those ending in **-a** are often feminine. In general, nouns ending in a vowel (a, e, i, o, u) form the plural by adding -s.

Male: *el coche:* the car   *los coches:* the cars
Feminine: *la mesa:* the table   *las mesas:* the tables

Nouns ending in **-ón**, **-ol** or **-or** are usually masculine, in contrast to that are those ending in **-ión**, **-ad**, **-ed** or **-z** often feminine. These nouns ending in consonants usually form the plural by adding an **-es**, those ending in **-z** by adding **-ces**:

Male: the opener: *el abridor*   the openers: *los abridores*
            the salmon: *el salmón*   the salmon: *los salmones*
            the tree: *el árbol*   the trees: *los árboles*

Female: the nation: *la nación*   the nations: *las naciones*
            the half: *la mitad*   the halves: *las mitades*
            the time: *la vez*   the times: *las veces*
            the root: *la raiz*   the roots: *las raices*

Example: two halves: *dos mitades;*   a few times: *algunas veces;*
            for the first time: *por primera vez*

Exceptions:

Feminine (f) are: *la foto / las fotos:*   the photo / photos

| | *la moto / las motos:* | the motorcycle / motorcycles |
| | *la mano / las manos:* | the hand / hands |

Male (m) are:
el clima / los climas:	the climate / climates
el tema / los temas:	the topic / topics
el problema/los problemas:	the problem/problems
el día / los días:	the day / days

Examples for the declension of nouns:

	Singular		Plural	
Nominative (1st case)	la foto (f)	the photo	las fotos	the photos
Genitive (2nd case)	de la foto	of the photo	de las fotos	of the photos
Dative (3rd case)	a la foto	(to) the photo	a las fotos	(to) the photos
Accusative (4th case)	la foto	the photo	las fotos	the photos
Nominative (1st case)	la mano (f)	the hand	las manos	the hands
Genitive (2nd case)	de la mano	of the hand	de las manos	of the hands
Dative (3rd case)	a la mano	(to) the hand	a las manos	(to) the hands
Accusative (4th case)	la mano	the hand	las manos	the hands
Nominative (1st case)	la nación (f)	the nation	las naciones	the nations
Genitive (2nd case)	de la nación	of the nation	de las naciones	of the nations
Dative (3rd case)	a la nación	(to) the nation	a las naciones	(to) the nations

Accusative (4th case)	la nación	the nation	las naciones	the nations
Nominative (1st case)	el señor (m, person)	the man	los señores	the men
Genitive (2nd case)	del señor	the man's	de los señores	the men's
Dative (3rd case)	al señor	(to) the man	a los señores	(to) the men
Accusative (4th case)	**al** señor	the man	**a** los señores	the men
Nominative (1st case)	el perro (m, animal)	the dog	los perros	the dogs
Genitive (2nd case)	del perro	of the dog	de los perros	of the dogs
Dative (3rd case)	al perro	the dog	a los perros	the dogs
Accusative (4th case)	**al** perro	the dog	**a** los perros	the dogs

Important exception (see above): The accusative case of persons and animals is formed by prefixing „a". This does not apply to things!

I see Pedro: *Veo a Pedro*
You greet the cab driver: *Saludas al taxista*
He feeds the ducks: *Él alimenta a los patos*

De and a: "al". "del"

Use of "a":
- For the accusative ("whom or what" case) with persons:
*Visita **a** Pablo:* He/she visits Pablo.

- To express a direction:
Vamos a Salamanca: We are traveling to Salamanca.

Use of "de":
- For the genitive ("whose" case):
La casa de Fernando es bonita: Fernando's house is beautiful.

- To express an origin:
Vengo de Córdoba: I come from Cordoba, I am from Cordoba.

"de "+"el"="del" and "a "+"el"="al"
If an "a" or "de" is followed by an "el", the two words are contracted to "al" or "del" respectively:

*El coche **del** amigo:* The friend's car
but: *El coche de mi amigo:* My friend's car

*Queremos **al** detallista porque siempre nos da un descuento:*
We like the retailer, because he always gives us a discount.

but: *Queremos a nuestro detallista:* We like our retailer.

5. Adjectives

Most adjectives end in -o in the masculine form and in -a in the feminine form. Adjectives that end in a vowel (a,e,i,o,u) form the plural with -s and adjectives that end in a consonant (b,c,d,f,...) with -es. The adjective takes on the gender and number of the noun it accompanies.

Singular:
male:	*libro caro:*	expensive book
female:	*casa cara:*	expensive house

Plural:
male:	*libros caros:*	expensive books
female:	*casas caras:*	expensive houses

Singular:
male:	*libro verde:*	green book
female:	*camisa azul:*	blue shirt

Plural:
male:	*libros verdes:*	green books
female:	*camisas azules:*	blue shirts

Special features:

For adjectives ending in -dor, -tor, -sor, -ón, -án, and -ín, an -a is added to the feminine form: *Una mujer trabajadora:* A hard-working woman

The adjective is usually placed after the noun. If the adjective comes before the noun, it is used in a figurative sense:

hombre pobre: poor man (without money); *pobre hombre:* poor, pitiable man.

The following adjectives usually come before the noun and lose the masculine ending -o in the singular: primer(o), mal(o), primer(o), tercer(o):

el primer piso: the first floor.   *al primer piso:* on the first floor.

The comparison of adjectives using comparatives and superlatives works as follows:

Comparative (comparative form): "more than", "less than" or "just like", „as well as":
"más + adjective + que" or *"menos + adjective + que"* or *"tan + adjective + como"*

Superlative (unique position): "the greatest", "the most beautiful" etc.:
"el/la/lo más + adjective" or *"el/la/lo menos + adjective"*

*Esta casa es **más antigua que** aquella:* This house is older than that one.

*Este árbol es **más bajo que** mi casa:* This tree is lower than my house.

*Este coche es **tan hermoso como** ese:* This car is just as beautiful as that one.

***Lo mejor** de la comida era el postre:* The best of the meal has been the dessert.

*Es el dueño de **la** colección de pinturas **más** importante:* He is the owner of the most important collection of paintings.

*Este coche tiene **el** equipamento **más** amplio:* This car has the most extensive equipment.

*Esta llave es **la más** pesada:* This key is the heaviest.

6.   Adverbs

Adverbs, which usually define an adjective or a verb more precisely, are usually derived from the respective adjectives in Spanish. They are formed by adding the ending -mente to the adjective. This works seamlessly with adjectives that end in -e or -a consonant:

breve > brevemente (briefly)
final (concluding) > *finalmente* (finally)

For adjectives that end in -o in their masculine and -a in their feminine forms, you take the feminine form and add -mente to it. If the adjective has an accent, this is also retained in the adverbial form:

rápido, -a (quickly) > *rápidamente*
cierto, -a (surely) > *ciertamente* (surely)
atento, -a (attentively) > *atentamente*

The Spanish language also shows **irregular** adverbs like the following:

bueno (good, adjective)   > *bien* (adverb)
malo (bad, adjective)   > *mal* (adverb)

A few adjectives are adopted unchangedly in their adverbial form. These are:
poco (little), *mucho* (much), *tanto* (so much), *caro* (expensive), *pronto* (quickly) and *bastante* (enough).

If a sentence contains two or more adverbs, only the last one gets the ending -mente. The adverbs in front of it only appear in the feminine form of the respective adjective:
El perro se rascó lenta y ruidosamente: The dog scratched itself slowly and noisily.

Adverbs ending in -mente can often be replaced by so-called adverbial clauses. These are, for example:

„*por + noun*", „*en + noun*", „*con + noun*", example:
realmente or *en realidad* (in reality)

de forma + adjective, de modo + adjective, de manera + adjective, example:

Se despide cortésmente or *Se despide de manera cortesa*: He says goodbye politely.

Adverbs of place: They answer the question "Where is someone doing something?":
a la izquierda: left
a la derecha: right
todo derecho: straight ahead
hacia atrás: backwards
adelante: forward
en algún lugar: somewhere
aquí: here
abajo: below
arriba: up
allí: there
dentro: indoors
donde: where
next to: junto a
de donde: from where

Adverbs of time: They answer the question "When does someone do something?":
hoy: today
mañana: tomorrow
pasado mañana: the day after tomorrow
ayer: yesterday
anteayer: the day before yesterday
ahora: now
pronto: soon
entonces: then
hasta ahora: so far
después: afterwards
hasta aquí: until now
antes: before

siempre: always

Adverbs of the reason: They answer the question "Why is someone doing something?":
por eso: therefore
a pesar de: despite
aun así: nevertheless
es decir: namely

Adverbs of manner:
sólo: only
talvez: maybe
casi: almost
junto: together
muy: very

Adverbs of negation:
nunca: never
nada: nothing
no: not
tampoco: neither
jamás: never before

The adverb is usually placed in front of an adjective or behind a verb:

Los delfines son animales muy inteligentes: Dolphins are very intelligent animals.
Pedro está escuchando atentamente: Pedro listens attentively.

In negated sentences, both the adverb of negation and a "no" occur:
No sabes hablar tampoco francés: You aren't able to speak French either.

The stressing of adverbs using comparatives and superlatives works in the same way as for adjectives:

Comparative (comparative form): "more than", "less than" or "just like":

"más + adverb + que" or *"menos + adverb + que"* or *"tan + adverb + como"*

Superlative (unique position): "fastest" etc.:
"el/la más + adverb" or *"el/la menos + adverb"*

*La moto corre **más rápidamente que** el perro:* The motorcycle runs faster than the dog.

*La moto corre **menos rápidamente que** el perro:* The motorcycle runs slower than the dog.

*La moto corre **tan rápidamente como** el perro:* The motorcycle runs just as fast as the dog.

Some important intensifiers of adverbs are irregular:

mal > peor:	bad > worse
bien > mejor:	good > better
mucho/muy > más:	much/very > more
poco > menos:	little > less

The superlative of some adverbs can be formed by adding the ending -ísimo to the adverb. For adverbs that regularly end in -mente, the ending is then -ísimamente. Examples plus some special spellings:

verde > verdísimo, -a:	green > very green
lentamente > lentísimamente:	slowly > very slowly
*loco > **loquísimo, -a**:*	crazy > very crazy
cerca > cerquísimo, -a:	near > very near
*lejos > **lejísimos**:*	far away > very far away

7.   Pronouns

7.1 Personal and Object Pronouns

Nominative case		Dative (indirect object)		Accusative (direct object)	
me	*yo*	me	*me*	me	*me*
you	*tú*	you	*te*	you	*te*
he	*él*	him	*le*	him	*lo*
she	*ella*	her	*le*	her	*la*
you (Sg.)	*usted (vd.)*	you	*le*	you	*le*
we	*nosotros (m), nosotras (f)*	us	*nos*	us	*nos*
you	*vosotros (m), vosotras (f)*	you	*os*	you	*os*
they (m)	*ellos*	them	*les*	them (m)	*los*
they (f)	*ellas*	them	*les*	them (f)	*las*
you (pl.)	*ustedes (vds.)*	you	*les*	you	*les*

I give her a book / I give you a book: *Le regalo un libro.*
He/she sees us: *Nos ve.*
I buy the flowers: *Compro las flores.*
I buy them: *Las compro.*

Attention!
He gives the shoes to the men: *Da los zapatos a los hombres.*
He gives them to the men: *Los da a los hombres.*
He gives the shoes to them: *Les da los zapatos.*
He gives them to them (their attention): *Se los da. (!)*

If both a direct and indirect object meet, "le" turns into "se"!
"Se los da" can <u>also</u> mean: He gives it to himself (!) (se: himself)

For me: *para mí*   for you: *para tí*   for him: *para él*
for her: *para élla*

7.2 Possessive Pronouns (nominative)

	connected		unconnected
my	*mi, mis*	mine	*mío(s), mía(s)*
your	*tu, tus*	yours	*tuyo(s), tuya(s)*
his	*su, sus*	his	*suyo(s), suya(s)*
her	*su, sus*	hers	*suyo(s), suya(s)*
your (Sg.)	*su, sus (vds.)*	yours	*suyo(s), suya(s)*
our	*nuestro, nuestros (m)* *nuestra, nuestras (f)*	ours	*nuestro, nuestros (m)* *nuestra, nuestras (f)*
yours	*vuestro, vuestros (m)* *vuestra, vuestras (f)*	yours	*vuestro, vuestros (m)* *vuestra, vuestras (f)*
their (m, f)	*su, sus*	theirs (m, f)	*suyo(s), suya(s)*
your (Pl.)	*su, sus (vds.)*	yours (Pl.)	*suyo(s), suya(s)*

Genitive, dative and accusative forms:

of my father: *de mi padre* (genitive)

to my father: *a mi padre* (dative case)

my father: *a mi padre* (accusative; an „a" is put in front, because the direct object is a person or an animal)

but: I have got my book: *Tengo mi libro* (without an „a" because the direct object is a thing)

In Spanish language, the connected form of the possessive pronoun is set in front of the noun and agrees with it in its gender and number:

vuestros precios, mi colega, nuestra empleada, vuestra maleta, nuestro coche

The unconnected form of the possessive pronoun comes after the noun and also agrees with it in its gender and number: la casa tuya, los libros suyos

It can also be used without a noun:

Are these your shoes?:	*¿Estos zapatos son suyos?*
This is your house:	*Es tu casa.* turns into: This is yours:

Es la suya.

7.3 Indefinite Pronouns

each	*cada, cualquier*	all	*todo*
everyone	*todo el mundo*	something	*algo*
someone	*alguien*	nothing	*nada*
nobody	*nadie*	none	*ningún*
nobody	*ninguno* *ninguna*	each all	*todo, toda* *todos, todas*
various	*varios, varias*	something	*cualquier cosa*
a certain certain	*cierto, cierta* *ciertos, ciertas*	little	*poco, poca* *pocos, pocas*

Nobody helps me: *Nadie me ayuda.*

I haven't seen anyone: *No he visto **a nadie**.*

Each house: *Cada casa*

All the cars: *Todos los coches*

A certain Mr. Schneider lives here: *Cierto señor Sastre vive aquí.*

I haven't eaten anything yet: *No he comido nada todavía.* (double negative!)

The dress is available in different sizes: *El vestido está disponible en varios tamaños.*

No problem: *Ningún problema.*

Everyone knows that smoking is harmful: *Todo el mundo sabe que fumar es perjudicial.*

I have forgotten something: *He olvidado algo.*

Only a few films are very good: *Solamente pocas películas son muy buenas.*

7.4 Demonstrative Pronouns

"Este / esta" (this/these here) is used with objects and people that are close to the speaker.

"Ese / esa" (this/that there) for objects and people that are further away.

"Aquel / aquella" (that/those) is used for objects and people that are far away. The difference between *"este"* and *"ese"* is greater than that between *"ese"* and *"aquel"*.

To accompany a noun:
Tonight we're going to the theater: *Esta noche iremos al teatro.*
That car (back there) is nice: *Aquel coche es bonito.*
Those trees (back there) are old: *Aquellos árboles son viejos.*
I like these pants, but not that shirt: *Este pantalón me gusta, pero no esa camisa.*

		Male	Female
Close	Sg.	este	esta
	Pl.	estos	estas
Medium distance	Sg.	ese	esa
	Pl.	esos	esas
Remote	Sg.	aquel	aquella
	Pl.	aquellos	aquellas

However, if the demonstrative pronouns stand without a noun, i.e. replaces it, it carries an accent:

		Male	Female
Close	Sg.	*éste*	*ésta*
	Pl.	*éstos*	*éstas*
Medium distance	Sg.	*ése*	*ésa*
	Pl.	*ésos*	*ésas*
Remote	Sg.	*aquél*	*aquélla*
	Pl.	*aquéllos*	*aquéllas*

I don't like these (pants) here: *Éste no me gusta.*

The demonstrative pronouns are an exception: there is also a neutral (neuter) form that always stands alone, never accompanies a noun and has no accent:

	neutral (neuter)
Close	*esto*
Medium distance	*eso*
Remote	*aquello*

What is it? *¿Qué es eso?*
This is a lemon. *Esto es un limón.*
That is almost impossible. *Esto es casi imposible.*
I don't like that! *¡Esto no me gusta!*

7.5 Reflexive Pronouns

Reflexive pronouns always refer to the subject: *me, te, se, nos, os* and are used together with reflexive verbs. The person acting is affected by the action itself. If the verb is in the infinitive, its gerund or its affirmative imperative, the reflexive pronoun is attached to the verb.

Personal pronouns	*yo*	*tú*	*el / ella / usted*	*nosotros*	*vosotros*	*ellos / ellas / ustedes*
Reflexive pronoun	*me /* myself	*te /* yourself	*se /* him- her- itself	*nos /* ourselves	*os /* yourselves	*se /* themselves

Me lavo mis manos: I wash my hands.

Te miras en el espejo: You look at yourself in the mirror.

Tenéis que descansaros: You have to rest. (attached to the affirmative infinitive!)

Tienes que peinarte: You have to comb yourself. (attached to the affirmative infinitive!)

Me preocupo: I worry (about).

But: *¡No te preocupes!* Don't worry about anything.

Estás mirándote en el espejo: (also possible: *Te estás mirando en el espejo.*)
You are looking at yourself in the mirror right now. (Gerund)

¡Lávate! Wash yourself!　　　　　　　(Affirmative imperative)

Some important verbs:

bañarse	to wash oneself, to take a bath	*levantarse*	to get up, to stand up
		peinarse	to comb oneself
ducharse	to take a shower	*caerse*	to fall down
llamarse	to be called	*acostarse*	to go to sleep
marcharse	to go away	*mudarse*	to change clothes
acostumbrarse a	to get used to	*beberse*	to drink

callarse	to keep quiet	*comerse*	to eat
equivocarse	to be wrong	*irse*	to go away

Many verbs are used both reflexively and non-reflexively and sometimes have different meanings. The reflexive pronoun usually comes before the conjugated verb:

Yo me lavo, y tú te peinas: I wash myself, and you comb your hair.

Te fuiste: You have gone away.

Reflexive pronouns are attached to the verb in the infinitive, gerund and affirmative imperative:

Bañarse en el mar es muy bonito: It's very nice to take a bath in the sea.

Afeitándome pienso en el desayuno: While I am shaving myself, I think about breakfast.

¡Acostúmbrese a la situación nueva! Get used to the new situation!

¡Pregúntate si eso es correcto! Ask yourself if this is correct!

7.6 Interrogative Pronouns

¿Quién?	Who?	*¿Por qué?*	Why?
¿A quién?	To whom?	*¿Dónde?*	Where?
¿A quién?	Who?	*¿Adónde?*	Where to?
¿Cuál?	Which one(s)?	*¿De dónde?*	From where?
¿Cúales?	Which ones?	*¿Cuánto / -a?*	How much?
¿Cómo?	How?	*¿Cuántos / -as?*	How many?
¿Qué?	What kind? Which one(s)?	*¿Cuándo?*	When?

8. Numbers and Time

8.1 Natural numbers

zero	cero	twenty-one	veintiuno, -una	164	ciento sesenta y cuatro
one	uno	twenty-two	veintidós	200	doscientos, -as
two	dos	twenty-three	veintitrés	201	doscientos uno/una
three	tres	twenty-four	veinticuatro	300	trescientos, -as
four	cuatro	twenty-nine	veintinueve	325	trescientos veinticinco
five	cinco	thirty	treinta	400	cuatrocientos, -as
six	seis	thirty-one	treinta y uno/una	500	quinientos, -as (!)
seven	siete	thirty-nine	treinta y nueve	600	seiscientos, -as
eight	ocho	forty	cuarenta	700	sietecientos, -as
nine	nueve	forty-one	cuarenta y uno/una	800	ochocientos, -as
ten	diez	forty-five	cuarenta y cinco	900	novecientos, -as
eleven	once	fifty	cincuenta	1,000	mil
twelve	doce	sixty	sesenta	1,001	mil uno / una
thirteen	trece	seventy	setenta	1,031	mil treinta y uno/una
fourteen	catorce	eighty	ochenta	1,103	mil ciento y tres

fifteen	quince	ninety	noventa	1,200	mil doscientos, -as
sixteen	dieciséis	ninety-nine	noventa y nueve	2,000	dos mil
seventeen	diecisiete	hundred	cien, ciento	2,107	dos mil ciento y siete
eighteen	dieciocho	one hundred and one	ciento uno/una	5,000	cinco mil
nineteen	dieci-nueve	one hundred and five	ciento cinco	20,200	veinte mil doscientos, -as
twenty	veinte	one hundred and ten	ciento diez	100,000	cien mil

21 persons: *veintiuna personas*

21,000 persons: *veintiuna mil personas*

31,000 tons: *treinta y un mil toneladas*

350 euros: *trescientos cincuenta euros*

Six out of ten men do not help with the housework: *Seis de cada diez hombres no hacen nada en casa.*

The city has three hundred thousand inhabitants: *La ciudad tiene trescientos mil habitantes.*

8.2 Ordinal Numbers

first	primero,-a	14th	décimo cuarto, -a	50th	quincuagésimo, -a
second	segundo, a	15th	décimo quinto, -a	60th	sexagésimo, -a

third	*tercero, -a*	16th	*décimo sexto, -a*	70th	*septuagésimo, -a*	
fourth	*cuarto, -a*	17th	*décimo séptimo, -a*	80th	*octogésimo, -a*	
fifth	*quinto, -a*	18th	*décimo octavo, -a*	90th	*nonagésimo, -a*	
sixth	*sexto, -a*	19th	*décimo noveno, -a*	100th	*centésimo, -a*	
seventh	*séptimo, -a*	20th	*vigésimo, -a*	101st	*centésimo primero, centésima primera*	
eighth	*octavo, -a*	21st	*vigésimo primero, -a*	134th	*centésimo trigésimo cuarto (m), centésima trigésima cuarto (f)*	
ninth(r)	*noveno, -a*	22nd	*vigésimo segundo, -a*	200th	*ducentésimo, -a*	
tenth(s)	*décimo, -a*	29th	*vigésimo noveno, -a*	300th	*tricentésimo, -a*	
eleventh	*undécimo*	30th	*trigésimo, -a*	500th	*quingentésimo, -a*	
twelfth	*duodécimo*	31st	*trigésimo primero*	1000th	*milésimo, -a*	
13th	*décimo tercero,-a*	40th	*cuadragésimo, -a*	2000th	*dosmilésimo, -a*	

the first: *el primero*
the third last: *el antepenúltimo*
the penultimate: *el penúltimo*
the last: *el último*
last: *en último lugar*
in the 21st century: *en el siglo XXI (veintiuno)*
firstly: *primero / en primer lugar*
secondly: *segundo / en segundo lugar*

Charles I (Carlos I): *Carlos Primero*
Charles V (Carlos V): *Carlos Quinto*
He is student number 234 of the university: *Es el estudiante número doscientos treinta y cuatro de la universidad.*

8.3 Time

Es la *una.*	It's one o'clock
Son las *tres.*	It's three o'clock
Son las dos **y** *cinco.*	It's two o five (five past two)
Son las dos **y** *cuarto.*	It's a quarter past two.
Son las dos **y** *veintinueve*	It's two twenty-nine
Son las dos **y** *media.*	It's half past two
Son las dos **menos** *veintinueve.*	It is one thirty-one
Son las dos **menos** *cuarto.*	It's one forty-five

The minutes are usually indicated by adding a "y" from 0 to 30 and a "menos" from 31 to 59.

When indicating the time of day, "hora(s)" is omitted. Colloquially, the numbers from 1 to 12 are used. The time of day is sometimes roughly indicated as follows:

de la madrugada:	early in the morning (until about 5 am)
de la mañana:	in the morning
de la tarde:	in the afternoon, in the early evening
de la noche:	late in the evening, at night

Example: *a las ocho y cuarto de la tarde:* at a quarter past eight in the evening, at 8:15 p.m.

To express the time in its official form, the numbers from 13 to 24 are used for the hours:

a las trece horas: at thirteen o'clock (at 1 p.m.)

To specify at what time something takes place, use a + time:
a las nueve: at nine o'clock

For some tenses, the verb that follows must always be in the future tense. These include, for example:

mañana: tomorrow

pasado mañana: the day after tomorrow

esta tarde: this afternoon

la semana que viene: next week

I deliberately do not list conjunctions and prepositions here, as it is sufficient to list them in the examples and in the vocabulary section. You will easily be able to learn them there.

9.   Verbs

9.1   Infinitive

The infinitive is the basic form of the verb (to speak, to walk, to eat, to drink). There are three basic conjugations in Spanish, which we will come back to in more detail later:

a-conjugation (stem no. 1)		e-conjugation (stem no. 2)		i-conjugation (stem no. 3)	
hablar	to speak	*comer*	to eat	*salir*	to leave
contar	to count	*beber*	to drink	*dividir*	to share
escuchar	to listen	*poner*	to set	*sentir*	to feel

9.1.1 Use as a noun

Infinitives can be used as nouns. Some have now become real nouns:

El buen hacer del profesor: The good work of the teacher.

El bienestar de la nación es importante: The welfare of the nation is important.

Ganar en la lotería no elimina los deberes ni los quehaceres: Winning the lottery does not eliminate obligations or daily chores.

Important infinitives used as nouns:

el ser	the essence	*el amenecer*	the dawn
el haber	the credit balance	*el atardecer*	the sunset
el hacer	the work	*el quehacer*	the daily task
el deber	the duty	*el pesar*	the sorrow
el placer	the pleasure	*el parecer*	the opinion
el saber	the knowledge	*el bienestar*	the prosperity

9.1.2 After Prepositions

After prepositions such as antes de, después de, por, para etc. or verbs that express a feeling, the infinitive is often used, for example:

Venimos para comprar una casa: We come to buy a house.

Después de comer, el abuelo duerme: After dinner, the grandfather sleeps.

Preferimos beber un café: We prefer to have a coffee.

Antes de ir a cama, limpio mis dientes: Before I go to bed, I brush my teeth.

Quedamos en la oficina hasta terminar: We'll stay in the office until we're finished.

9.1.3 Action just finished/beginning

acabar de	have just done something	*Acabamos de trabajar en el jardín.*

		We have just been working in the garden.
dejar de	stop doing something	*Dejamos de buscar la camisa.* We stop looking for the shirt.
acabar por, terminar por, llegar por	finally do something	*Acabo por leer este libro.* Finally, I read this book.
ir a	plan something, will do something	*Voy a comprar un plano de la ciudad.* I intend to buy a city map.
empezar a	start doing something	*Empiezo a estudiar el manual.* I start to study the manual.
ponerse a	start doing something (deliberately)	*Me puse a limpiar mi habitación.* I started to tidy my room.
vacilar a	do not hesitate to do something	*No vaciló a criticarlo.* He did not hesitate to criticize him.
echarse a	suddenly start doing something	*Echasteis a subir al autobús.* You suddenly start to get on the bus.
no tardar en	Don't hesitate, do something soon	*No tarda en pagar sus deudas.* He/She will soon pay his debts.
volver a	do something again	*La mujer vuelve a preguntar por su hijo.* The woman asked again about her son.

9.1.4 Mandatory Actions

The infinitive is used in constructions that express an obligation:

tener que	must	Tienes que hacer tu tarea. You have to get your task done.
deber	must	Debemos hacer una impresión buena. We have to make a good impression.
deber de	(probably) must (assumption)	Debéis de tomar el vuelo tarde. You'll (probably) have to take the late flight.
hay que	you have to	Con algo hay que empezar. You have to start with something.

9.1.5 Instead of Subordinate Clauses

al + infinitive	Time (as / with)	Al entrar en la habitación vi que ladrones estaban allí antes. On entering the room, he saw that thieves had been in there before.
de + infinitive	Condition (as soon as / if)	De escuchar algo, voy a informarte. As soon as I hear anything, I will let you know.
con + infinitive	Objection (if, by)	Un atleta no logra nada con insultar al árbitro. An athlete achieves nothing by insulting the referee.
hasta + infinitive	Time limit	Quedamos en la oficina hasta terminar el trabajo. We stay in the office until we have finished work.
por + infinitive	Reason (because / because)	Por comer tanto, tienes dolor de estómago. Because you have eaten so much, you have a stomach ache.

9.1.6 Conjugated Verb plus Infinitive

In Spanish, the construction "conjugated verb + infinitive of another verb" is often used. Here are a few well-known examples:

Necesitamos respirar para vivir: We need to breathe for staying alive.

Quiero tomar el sol en la playa: I want to sunbathe on the beach.

No puedo ir contigo a la estación de ferrocarril: I can't go to the train station with you.

Esperamos ganar el partido: We hope to win the game.

Fixed expressions result from the use of "Me gusta..." or "Me encanta..." ("I like it, ...") or "Me molesta..." ("I don't like..."):

Nos gusta caminar: We like walking.　　　　**NOT**: ~~Nos gustamos caminar~~.

Me molesta trabajar en el jardín cuando está lloviendo: I don't like working in the garden when it's raining.　　　**NOT**: ~~Me molesto trabajar....~~

Te encantan las playas españoles: You like the Spanish beaches. **NOT**: ~~Te encantas....~~

9.1.7　Near future ("futuro perifrástico"), construction "*ir a + infinitivo*"

It means that you will do something in the future, regardless of whether the event is in the near or distant future. Examples:

Vosotros vais a estudiar este artículo la semana próxima: You will study this article next week.

Vas a jugar al fútbol mañana: You're going to play soccer tomorrow.

Voy a acostarme en una hora: I'm going to lie down / to go to bed in an hour.

9.2 Gerund

The progressive form of the present tense is formed from the respective form of the verb "*estar*" and the gerund of the respective verb. This is done by adding the ending *-ando* to verbs in the *-ar* conjugation and *-iendo* to verbs in the *-er* and *-ir* conjugations, with a few exceptions for irregular verbs (see: leer – to read):

trabajar > trabajando	*hacer > haciendo*
escribir > escribiendo	*leer > leyendo*

The progressive form expresses that the action is taking place at the time of speaking. It is translated as "right now" or "at the moment".

Examples:

Estoy trabajando: I am working right now.
Estamos trabajando: We are working right now.
Carlos está comiendo un bocadillo: Carlos is eating a sandwich.
Están escribiendo una carta: You are writing a letter.

9.3 Use of the Tenses of a Verb

In general, personal pronouns in the nominative case (I, you, he, she...) are only used in Spanish when the person is to be emphasized:

*Pedro descansa, pero **yo** trabajo:* Pedro is resting now, but I'm working.

The **present tense** describes actions in the present or immediate future.

The **gerund** is formed with the stem of the verb and *-ando* or *-iendo*. In combination with the appropriate form of *estar*, the gerund represents the progressive form of the present tense. The gerund is invariable!

The action takes place at the time of speaking. So you are "doing something at the moment" or "just about to do something":

Estoy buscando la llave: I'm just looking for the key.
Estás comiendo un panecillo. You are just eating a bread roll.
Estamos comprando dos botellas de vino. We are just buying two bottles of wine.

The **perfect indicative** is formed with the verb "haber" and the past participle of the verb we are using. This combination of the two verb forms must not be separated. The perfect tense is mainly used for actions in the past that relate to the present. This is often the case, for example, if the following time expressions occur:

hoy   esta mañana   esta tarde   este año   últimamente

alguna vez

This tense is also used when asking whether someone has already done something at any time in the past. The exact time of the action is unimportant:

¿Habéis estado una vez en Suiza? Sí, hemos ido allí en 2015:
Have you ever been to Switzerland? Yes, we went there in 2015.

¿Has fumado un cigarro alguna vez? No, no lo he probado:
Have you smoked a cigar before? No, I have not tried it.

The **indefinido** is used when describing events or actions that took place at a certain time in the past, and which were limited during the past, i.e. have already been completed. For example: *ayer, anteayer, en 1987, el domingo pasado, la semana pasada, el año pasado, etc.*

This particularly includes actions that take place one after the other.

Ayer me llamó el doctor para decirme los resultados de la investigación:
Yesterday the doctor called me to tell me the results of the investigation.

It is also used to describe - temporary - states of the past:

El equipo jugó muy eficaz: The team played very effectively.

If a new action begins in the past relative to an action already in progress, the verb describing the new action is used in the indefinido and the verb describing the action already in progress is in the imperfect **tense** (imperfecto):

Mientras estábamos en la escuela hablé con un profesor:
While we were at school, I spoke to a teacher.

Oí un ruido cuando el avión despegaba: I heard a noise when the plane took off.

The imperfecto is used for regularly repeating actions in the past, to describe ongoing states, or also to describe two actions occurring simultaneously in the past:

Trabajábamos todos los días desde las 8 horas: We worked every day from 8 o'clock.

Era un buen científico: He was a good scientist.

Hacía sol, y la plaza estaba llena: The sun was shining and the square was full.

Siempre estábamos satisfechos con el servicio al cliente en esta tienda: We have always been satisfied with the customer service in this shop.

In Spanish, the **subjunctive** (subjuntivo) is used to express a wish; it comes after verbs of volition that express commands, wishes, requests, prohibitions, hopes, and expressed doubts and feelings as well.

Initially, a wish can also be characterized by introductory signal words such as ojalá or ¡que!

Ojalá llegue a tiempo: I hope I arrive on time.

¡Que mantengamos en contacto! Let's stay in touch!

¡Que aproveche! Enjoy your meal!

¡Que te mejores! Get well soon!

¡Que te diviertas! Have fun!

The verbs that describe expressions of will (see above) are usually followed by a relative clause (subordinate clause) beginning with que, the verb of which appears in its the subjunctive. This applies if the subjects in the main and subordinate clauses are different.

Volition		Feeling	
esperar	to hope	*gustar*	to like, to be fond of
desear	to wish	*encantar*	to like, to enjoy
confiar (a)	to trust (in somethg.)	*enfadar*	to annoy
aconsejar	to guess	*fastidiar*	to annoy
recomendar	to recommend	*odiar*	to hate, to detest

pedir	to ask	detestar	to hate, to detest
mandar	to command	temer	to fear
preferir	to prefer	preocuparse (por)	to worry (about)
permitir	to allow	tener miedo	to be afraid
ordenar	to command	tener ganas	to have a desire
proponer	to suggest	molestar	to disturb, to harass
crosser	to want	alegrar(se)	to be happy
insistir (en)	to insist (on)	extrañar	to astonish, to alienate
Doubts		Saying and Thinking (only negated!)	
puede ser	can be, may be	no decir	not to say
parecer [me parece]	to seem [it seems to me]	no creer	not to believe
parece mentira	it is hard to believe	no pensar	not to think
dudar	to doubt	no saber	not to know
posiblemente	possibly	no asegurar	not to insure
probablemente	probably	no opinar	not to mean
quizá(s)	perhaps	no imaginar	not to imagine
tal vez	perhaps	no suponer	not to assume

No dice que seas estúpido: He/she does not say that you are stupid.

Supongo que hayáis terminado vuestro trabajo: I assume that you have finished your work.

E*s malo que juegue al fútbol:* It's bad that he plays soccer.

Pienso que nos ha visitado: I think he visited us.

BUT: *No pienso que nos <u>haya</u> visitado:* I <u>don't</u> think he visited us.

The subjunctive is also used after impersonal expressions, in fixed phrases and together with certain conjunctions:

Impersonal expressions			
es (im)posible	it is (im)possible that	*basta*	it is enough / sufficient
es difícil / fácil	it is difficult / easy that	*urge*	it is urgent
es bueno / mejor / maravilloso que	it is good / better / wonderful that	*esta bien / mal*	to find something good / bad
es malo / peor / horrible que	it is bad / worse / terrible that	*es (i)lógico que*	it is (in)logical that
es una pena / lástima que	It is a pity that	*importa*	it is important
es necesario	it is necessary that	*a no ser*	unless
es fundamental que	it is essential/important that	*es conveniente que*	it is convenient that
es interesante que	it is interesting that	*es mejor que*	it is better that
es probable que	it is likely that	*es improbable que*	It is unlikely that
es aconsejable que	it is advisable that	*con tal de*	as long as
After certain conjunctions			
en vez de/en lugar de que	instead of	*para*	so that

en (el) caso (de) que	if	sin	without that
a condición de	on condition that	hasta	to
con tal (de)	provided that	antes de	before
a menos que/a no ser	unless	después de	after
In fixed phrases (already integrated)			
pase lo que	whatever happens	como	no matter how
o	that means	lo que	no matter what
como	as you wish	quien	no matter who

Trabaja para que pueda comprar una casa: He works so that he can buy a house.

9.4 Auxiliary Verbs

This small but important group includes ser (to be), estar (to be, to be in) and haber ("to have"). The present tense forms are:

ser		estar		haber	
soy	somos	estoy	estamos	he	hemos
eres	sois	estás	estáis	has	habéis
es	son	está	están	ha (hay)	han

Ser is used when the term follows a constant property or noun:

El café es caliente: The coffee is hot*La flor es bonita:* The flower is beautiful.

¿Eres profesor? Are you a teacher?

No es un buen estudiante: He is not a good student.

Estar is used with expressions that describe where something is located, how someone feels or when variable characteristics are described:

Pedro no está en el jardín, pero está en casa: Pedro is not in the garden, but is in the house.
La comida yá está fría: The food is already cold.
No estamos muy bien, tenemos dolor de cabeza: We're not feeling very well, we have a headache.
Haber corresponds to the English word „have", but only in compound tenses:

He hablado en voz alta: I spoke out loud.
¿Habéis visto esto? Have you seen this?

This also applies to the forms of this verb described later in this book, such as the future tense or conditional II:

Usted habrá notado su comportamiento: You will have noticed his behavior.
Si yo hubiese llegado a tiempo, yo habría alcanzado el tren todavía: If I had arrived on time, I would have caught the train yet.

An important special form is "hay", which is only used in the sense of "there is":
Hay mucha gente allí: There are a lot of people there.

The same applies to "hubo" ("there was") and "habrá" ("there will be").

The equivalent of the English auxiliary verb "have" in the sense of "to possess" is "**tener**" in Spanish.

Tengo dinero: I have money.
Tenemos tiempo bastante: We have enough time.

The complete conjugation of *ser*, *estar* and *haber* is given below. As already mentioned, the verb haber is only used in compound tenses. Therefore, the full verb *tener* ("to have, to possess") has been included in the table for comparison._The verbs estar and tener have numerous special forms; we will come back to tener in the treatment of e-conjugation.

9.5 Conjugation ser, estar, haber, tener

Indicative Present / Presente de indicativo: I am, you are etc.
(Attach the present tense endings to the infinitive stem (only with estar)

ser (auxiliary verb, full)		estar (auxiliary verb, full)		haber (auxiliary verb, incomplete)		tener (full verb, complete)	
soy	somos	estoy	estamos	he	hemos	tengo	tenemos
eres	sois	estás	estáis	has	habéis	tienes	tenéis
es	son	está	están	ha (hay)	han	tiene	tienen

Indicative Present Perfect / Pasado perfecto de indicativo: I have been, you have been etc.
[present indicative of the verb "haber" + past participle of the respective verb (sido etc.), rarely used]

he sido	hemos sido	he estado	hemos estado	----	----	he tenido	hemos tenido
has sido	habéis sido	has estado	habéis estado	----	----	has tenido	habéis tenido
ha sido	han sido	ha estado	han estado	----	----	ha tenido	han tenido

Indicative Past Tense / Pasado imperfecto de indicativo: I was, you were etc. (see also indefinido!)

era	éramos	estaba	estábamos	había	habíamos	tenía	teníamos
eras	erais	estabas	estabais	habías	habíais	tenías	teníais
era	eran	estaba	estaban	había	habían	tenía	tenían

Indicative Indefinido / Pasado indefinido de indicativo: I was, you were, etc. (see also Imperfecto!)

fui	fuimos	estuve	estuvimos	hube (!)	hubimos	tuve (!)	tuvimos
fuiste	fuisteis	estuviste	estuvisteis	hubiste	hubisteis	tuviste	tuvisteis
fue	fueron	estuvo	estuvieron	hubo (!)	hubieron	tuvo	tuvieron

Indicative Pluperfect / Pluscuamperfecto de indicativo: I had been, you had been etc.
[indicative past tense of the verb "haber" + past participle of the respective verb (sido etc.); rarely used]

había sido	habíamos sido	había estado	habíamos estado	----	----	había tenido	habíamos tenido
habías sido	habíais sido	habías estado	habíais estado	----	----	habías tenido	habíais tenido
había sido	habían sido	había estado	habían estado	----	----	había tenido	habían tenido

Indicative Future I / Futuro de indicativo: I will be, you will be etc.
(Attach the future endings to the infinitive (!) in ser and estar; the stems of haber / tener deviate)

seré	seremos	estaré	estaremos	habré	habremos	tendré	tendremos
serás	seréis	estarás	estaréis	habrás	habréis	tendrás	tendréis
será	serán	estará	estarán	habrá	habrán	tendrá	tendrán

Indicative Future II / Futuro perfecto de indicativo: I will have been, you will have been, etc.
[indicative future I of the verb "haber" + past participle of the respective verb (sido etc.)]

habré sido	habremos sido	habré estado	habremos estado	----	----	habré tenido	habremos tenido
habrás sido	habréis sido	habrás estado	habréis estado	----	----	habrás tenido	habréis tenido
habrá sido	habrán sido	habrá estado	habrán estado	----	----	habrá tenido	habrán tenido

Indicative Conditional I / Condicional I: I would be, you would be etc.
[Attaching the conditional endings to the infinitive (ser, estar) as you do with the future tense]

sería	seríamos	estaría	estaríamos	habría	habríamos	tendría	tendríamos
serías	seríais	estarías	estaríais	habrías	habríais	tendrías	tendríais
sería	serían	estaría	estarían	habría	habrían	tendría	tendrían

Subjunctive Present / Presente de subjuntivo: (that) I am, (that) you are, etc.
(Attaching the subjunctive endings to the stem of the first person singular of the present indicative (here only for tener, but the rule for full verbs); for the a-verbs, the -a changes to -e, for the e-verbs, the -e changes to -a)

sea	seamos	esté	estemos	haya (!)	hayamos	tenga	tengamos
seas	séais	estés	estéis	hayas	hayáis	tengas	tengáis
sea	sean	esté	estén	haya	hayan	tenga	tengan

Subjunctive Past Tense / Imperfecto de subjuntivo: (that) I was, (that) you were, etc.
(Adding the endings to the stem of the third person plural of the indefinido)

fuera (or: fuese)	fuéramos (or: fuésemos)	estuviera (or: estuviese)	estuviéramos (or: estuviésemos)	hubiera (or: hubiese)	hubiéramos (or: hubiésemos)	tuviera (or: tuviese)	tuviéramos (or: tuviésemos)
fueras (or: fueses)	fuerais (or: fueseis)	estuvieras (or: estuvieses)	estuvierais (or: estuvieseis)	hubieras (or: hubieses)	hubierais (or: hubieseis)	tuvieras (or: tuvieses)	tuvierais (or: tuvieseis)
fuera (or: fuese)	fueran (or: fuesen)	estuviera (or: estuviese)	estuvieran (or: estuviesen)	hubiera (or: hubiese)	hubieran (or: hubiesen)	tuviera (or: tuviese)	tuvieran (or: tuviesen)

Subjunctive Pluperfect / Pluscuamperfecto de subjuntivo: (that) I had been, (that) you had been, etc.
[Attach the endings to the stem of the third person plural of the indefinido of the verb "haber" + past participle of the verb in question (cantado etc.)]

hubiera (or: hubiese) sido	hubiéramos (or: hubiésemos) sido	hubiera (or: hubiese) estado	hubiéramos (or: hubiésemos) estado	----	----	hubiera (or: hubiese) tenido	hubiéramos (or: hubiésemos) tenido
hubieras (or: hubieses) sido	hubierais (or: hubieseis) sido	hubieras (or: hubieses) estado	hubierais (or: hubieseis) estado	----	----	hubieras (or: hubieses) tenido	hubierais (or: hubieseis) tenido
hubiera (or: hubiese) sido	hubieran (or: hubiesen) sido	hubiera (or: hubiese) estado	hubieran (or: hubiesen) estado	----	----	hubiera (or: hubiese) tenido	hubieran (or: hubiesen) tenido

Affirmative Imperative / Imperativo affirmativo: be!, let us be!, etc.
(For the forms of address "we" and "you", use the subjunctive mood)

----	¡seamos!	----	¡estemos!	----	¡hayamos!	----	¡tengamos!
¡sé!	¡sed!	¡está!	¡estad!	¡have!	¡habed!	¡tén!	¡tened!
¡sea! (usted)	¡sean! (ustedes)	¡esté! (usted)	¡estén! (ustedes)	¡haya! (usted)	¡hayan! (ustedes)	¡tenga! (usted)	¡tengan! (ustedes)

Negative Imperative / Imperativo negativo: don't be, let's not be, etc. *(For all forms of address, use the subjunctive mood)*							
----	¡no seamos!	----	¡no estemos!	----	¡no hayamos!	----	¡no tengamos!
¡no seas!	¡no seáis!	¡no estés!	¡no estéis!	¡no hayas!	¡no hayáis!	¡no tengas!	¡no tengáis!
¡no sea! (usted)	¡no sean! (ustedes)	¡no esté! (usted)	¡no estén! (ustedes)	¡no haya! (usted)	¡no hayan! (ustedes)	¡no tenga! (usted)	¡no tengan! (ustedes)
Gerund / Gerundio: being, being in, having							
siendo		estando		habiendo		teniendo	
Past Participle, masculine *(-o, -os)* or feminine *(-a, -as)* / Participio perfecto: masculino o feminino							
sido	sidos	estado	estados	habido	habidos	tenido	tenidos
sida	sidas	estada	estadas	habida	habidas	tenida	tenidas

9.6 a-Conjugation of Regular Verbs

The verb forms shown here and below in tabular form will be discussed again later in the text. In Chapter 2 (Use of tenses), I have already explained when to use the pretérito indefinido or the imperfecto, two verb forms in the past tense, or when to use the subjunctive. Of course, these rules also apply to the e- and i-conjugation verbs that will be discussed later.

Here is a table of all tenses for three important, regular verbs in the a group (without vowel change, stem number 1 in the vocabulary section) that end in -ar:

cantar: to sing   *trabajar:* to work   *hablar:* to speak

Example:	cantar (sing)		
canto	I sing	cantamos	we sing

cantas	you sing	cantáis	you sing
canta	he, she, it sings you sing (usted)	cantan	they sing you sing (ustedes)

The irregular verbs on -ar have stem numbers 1a, 1b etc., to which the verbs listed in the vocabulary section refer, as they are conjugated in the same way. In the a-conjugation, however, only the present indicative and the present subjunctive have different forms. These are listed in the following table for regular verbs. Examples are:

Group 1 a (ie-e): *pensar* (to think), *cerrar* (to close), *sentarse* (to sit down), *despertarse* (to wake up), *recomendar* (to recommend)

Group 1 b (ie,e, -zar): *empezar* (to begin), *comenzar* (to begin)

Group 1 c (ue-e): *encontrar* (to meet, to be), *jugar* (to play), *sonar* (to sound)

Group 1 d (o-a): *dar* (to give)

Type cantar, trabajar, hablar

Indicative Present / Presente de indicativo: I work, you work, etc. *(Attach the present tense endings to the infinitive stem)*					
cantar (sing)		trabajar (work)		hablar (speak)	
canto	cantamos	trabajo	trabajamos	hablo	hablamos
cantas	cantáis	trabajas	trabajáis	hablas	habláis
canta	cantan	trabaja	trabajan	habla	hablan
Indicative Present Perfect / Pasado perfecto de indicativo: I have worked, you have worked, etc. *[Present indicative of the verb "haber" + past participle of the respective verb (cantado etc.)]*					
he cantado	hemos cantado	he trabajado	hemos trabajado	he hablado	hemos hablado
has cantado	habéis cantado	has trabajado	habéis trabajado	has hablado	habéis hablado

ha cantado	han cantado	ha trabajado	han trabajado	ha hablado	han hablado

Indicative Past Tense / Pasado imperfecto de indicativo: I worked, you worked, etc. (see also indefinido!) *(Attach the imperfect endings to the infinitive stem)*

cantaba	cantábamos	trabajaba	trabajábamos	hablaba	hablábamos
cantabas	cantabais	trabajabas	trabajabais	hablabas	hablabais
cantaba	cantaban	trabajaba	trabajaban	hablaba	hablaban

Indicative Indefinido / Pasado indefinido de indicativo: I worked, you worked, etc. (see also Imperfecto!) *(Attach the indefinite endings to the infinitive stem)*

canté	cantamos	trabajé	trabajamos	hablé	hablamos
cantaste	cantasteis	trabajaste	trabajasteis	hablaste	hablasteis
cantó	cantaron	trabajó	trabajarone	habló	hablaron

Indicative Pluperfect / Pluscuamperfecto de indicativo: I had worked, you had worked etc. *[indicative imperfect of the verb "haber" + past participle of the respective verb (cantado etc.); rarely used]*

había cantado	habíamos cantado	había trabajado	habíamos trabajado	había hablado	habíamos hablado
habías cantado	habíais cantado	habías trabajado	habíais trabajado	habías hablado	habíais hablado
había cantado	habían cantado	había trabajado	habían trabajado	había hablado	habían hablado

Indicative Future I / Futuro de indicativo: I will work, you will work, etc. *(Attach the future endings to the infinitive (not: infinitive stem!))*

cantaré	cantaremos	trabajaré	trabajaremos	hablaré	hablaremos
cantarás	cantaréis	trabajarás	trabajaréis	hablarás	hablaréis
cantará	cantarán	trabajará	trabajarán	hablará	hablarán

Indicative Future II / Futuro perfecto de indicativo: I will have worked, you will have worked, etc. *[Indicative future I of the verb "haber" + past participle of the respective verb (cantado etc.)]*

habré cantado	habremos cantado	habré trabajado	habremos trabajado	habré hablado	habremos hablado

habrás cantado	habréis cantado	habrás trabajado	habréis trabajado	habrás hablado	habréis hablado
habrá cantado	habrán cantado	habrá trabajado	habrán trabajado	habrá hablado	habrán hablado

Indicative Conditional I / Condicional I: I would work, you would work, etc.
(Attach the conditional endings to the infinitive as you do with the future tense)

cantaría	cantaríamos	trabajaría	trabajaríamos	hablaría	hablaríamos
cantarías	cantaríais	trabajarías	trabajaríais	hablarías	hablaríais
cantaría	cantarían	trabajaría	trabajarían	hablaría	hablarían

Subjunctive Present / Presente de subjuntivo: (that) I work, (that) you work, etc. *(Attach the subjunctive endings to the stem of the first person singular of the present indicativ. For the a-verbs, the -a changes to -e)*

cante	cantemos	trabaje	trabajemos	hable	hablemos
cantes	cantéis	trabajes	trabajéis	hables	habléis
cante	canten	trabaje	trabajen	hable	hablen

Subjunctive Past Tense / Imperfecto de subjuntivo: (that) I worked, (that) you worked, etc. *(Adding the endings to the stem of the third person plural of the indefinido)*

cantara (or: cantase)	cantáramos (or: cantásemos)	trabajara (or: trabajase)	trabajáramos (or: trabajásemos)	hablara (or: hablase)	habláramos (or: hablásemos)
cantaras (or: cantases)	cantarais (or: cantaseis)	trabajaras (or: trabajases)	trabajarais (or: trabajaseis)	hablaras (or: hablases)	hablarais (or: hablaseis)
cantara (or: cantase)	cantaran (or: cantasen)	trabajara (or: trabajase)	trabajaran (or: trabajasen)	hablara (or: hablase)	hablaran (or: hablasen)

Subjunctive Pluperfect / Pluscuamperfecto de subjuntivo: (that) I had worked, (that) you had worked, etc. *[Attach the endings to the stem of the third person plural of the indefinido of the verb "haber" + past participle of the verb in question (cantado etc.)]*

hubiera (or: hubiese) cantado	hubiéramos (or: hubiésemos) cantado	hubiera (or: hubiese) trabajado	hubiéramos (or: hubiésemos) trabajado	hubiera (or: hubiese) hablado	hubiéramos (or: hubiésemos) hablado

hubieras (or: hubieses) cantado	hubierais (or: hubieseis) cantado	hubieras (or: hubieses) trabajado	hubierais (or: hubieseis) trabajado	hubieras (or: hubieses) hablado	hubierais (or: hubieseis) hablado
hubiera (or: hubiese) cantado	hubieran (or: hubiesen) cantado	hubiera (or: hubiese) trabajado	hubieran (or: hubiesen) trabajado	hubiera (or: hubiese) hablado	hubieran (or: hubiesen) hablado

Affirmative Imperative / Imperativo affirmativo: work!, let's work!, etc.
(For the forms of address "we" and "you" use the subjunctive mood)

----	¡cantemos!	----	¡trabajemos!	----	¡hablemos!
¡canta!	¡cantad!	¡trabaja!	¡trabajad!	¡habla!	¡hablad!
¡cante! (usted)	¡canten! (ustedes)	¡trabaje! (usted)	¡trabajen! (ustedes)	¡hable! (usted)	¡hablen! (ustedes)

Negative Imperative / Imperativo negativo: don't work, let's not work, etc.
(For all forms of address, use the subjunctive mood)

----	¡no cantemos!	----	¡no trabajemos!	----	¡no hablemos!
¡no cantes!	¡no cantéis!	¡no trabajes!	¡no trabajéis!	¡no hables!	¡no habléis!
¡no cante! (usted)	¡no canten! (ustedes)	¡no trabaje! (usted)	¡no trabajen! (ustedes)	¡no hable! (usted)	¡no hablen! (ustedes)

Gerund / Gerundio: singing, working, speaking

cantando	trabajando	hablando

Past Participle, masculine *(-o, -os)* or feminine *(-a, -as)* / Participio perfecto: masculino o feminino

cantado	cantados	trabajado	trabajados	hablado	hablados
cantada	cantadas	trabajada	trabajadas	hablada	habladas

9.7 a-Conjugation of Irregular Verbs

Here I list only the major changes of the verb forms compared tot he regular verbs:

Group 1 a (ie-e): *pensar* (to think), *cerrar* (to conclude, to shut), *sentarse* (to sit down), *despertarse* (to wake up), *recomendar* (to recommend), *negar* (to deny)

Group 1 b (ie,e, -zar): *empezar* (to begin), *comenzar* (to begin)

9.7.1 Type pensar, empezar, recomendar

Indicative Present / Presente de indicativo: I think, you think, etc. *(Attach the present tense endings to the infinitive stem)*					
pensar (1 a; think)		empezar (1 b; begin)		recomendar (1 a; recommend)	
pienso	pensamos	empiezo	empezamos	recomiendo	recomendamos
piensas	pensáis	empiezas	empezáis	recomiendas	recomendáis
piensa	piensan	empieza	empiezan	recomienda	recomiendan
Subjunctive Present / Presente de subjuntivo: (that) I think, (that) you think, etc. *(Attach the subjunctive endings to the stem of the first person singular of the present indicative. For the a-verbs, the -a changes to -e)*					
piense	pensemos	empiece	empecemos	recomiende	recomendemos
pienses	penséis	empieces	empecéis	recomiendes	recomendéis
piense	piensen	empiece	empiecen	recomiende	recomienden
Indicative Indefinido / Pasado indefinido de indicativo: I thought, you thought, etc. (see also Imperfecto!) *(Attach the indefinite endings to the infinitive stem)*					
pensé	pensamos	empecé	empezamos	recomendé	recomendamos
pensaste	pensasteis	empezaste	empezasteis	recomendaste	recomendasteis
pensó	pensaron	empezó	empezaron	recomendó	recomendaron
Affirmative Imperative / Imperativo affirmativo: think!, let's think!, etc. *(For the forms of address "we" and "you", use the subjunctive mood)*					
----	¡pensemos!	----	¡empecemos!	----	¡recomendemos!
¡piensa!	¡pensad!	¡empieza!	¡empezad!	¡recomienda!	¡recomendad!
¡piense! (usted)	¡piensen! (ustedes)	¡empiece! (usted)	¡empiecen! (ustedes)	¡recomiende! (usted)	¡recomienden! (ustedes)
Negative Imperative / Imperativo negativo: don't think!, let's not think! etc. *(For all forms of address, use the subjunctive mood)*					

----	¡no pensemos!	----	¡no empecemos!	----	¡no recomendemos!
¡no pienses!	¡no penséis!	¡no empieces!	¡no empecéis!	¡no recomiendes!	¡no recomendéis!
¡no piense! (usted)	¡no piensen! (ustedes)	¡no empiece! (usted)	¡no empiecen! (ustedes)	¡no recomiende! (usted)	¡no recomienden! (ustedes)

Gerund / Gerundio: thinking, beginning, recommending

pensando	empezando	recomendando

Past Participle, masculine (-o, -os) or feminine (-a, -as) / Participio perfecto: masculino o feminino

pensado	pensados	empezado	empezados	recomendado	recomendados
pensada	pensadas	empezada	empezadas	recomendada	recomendadas

Further irregular stems of the a-conjugation

Group 1 c (ue-o / ue-u): *encontrar* (to meet, to be), *jugar* (to play), *sonar* (to sound), *contar* (to count), *costar* (to cost), *rogar* (to ask), *volar* (to fly), *recordar* (to remember), *mostrar* (to show)

Group 1 d (o-a): *dar* (to give)

9.7.2 Type encontrar, jugar, dar

Indicative Present / Presente de indicativo: I play, you play, etc. *(Attach the present tense endings to the infinitive stem)*

encontrar (1 c; meet)		jugar (1 c; play)		dar (1 d; give)	
encuentro	encontramos	juego	jugamos	doy (!)	damos
encuentras	encontráis	juegas	jugáis	das	dais
encuentra	encuentran	juega	juegan	da	dan

Subjunctive Present / Presente de subjuntivo: (that) I play, (that) you play, etc.
(Attach the subjunctive endings to the stem of the first person singular of the present indicative. For the a-verbs, the -a changes to -e)

encuentre	encontremos	juegue	juguemos	dé	demos
encuentres	encontréis	juegues	juguéis	dés	deis
encuentre	encuentren	juegue	jueguen	dé	den

Indicative Indefinido / Pasado indefinido de indicativo: I played, you played, etc. (see also Imperfecto!) *(Attach the indefinite endings to the infinitive stem)*

encontré	encontramos	jugué	jugamos	di (!)	dimos
encontraste	encontrasteis	jugaste	jugasteis	diste	disteis
encontró	encontraron	jugó	jugaron	dio	dieron

Subjunctive Past Tense / Imperfecto de subjuntivo: (that) I played, (that) you played, etc. *(Adding the endings to the stem of the third person plural of the indefinido)*

encontrara (or: encontrase)	encontráramos (or: encontrásemos)	jugara (or: jugase)	jugáramos (or: jugásemos)	diera (or: diese)	diéramos (or: diésemos)
encontraras (or: encontrases)	encontrarais (or: encontraseis)	jugaras (or: jugases)	jugarais (or: jugaseis)	dieras (or: dieses)	dierais (or: dieseis)
encontrara (or: encontrase)	encontraran (or: encontrasen)	jugara (or: trabajase)	jugaran (or: jugasen)	diera (or: diese)	dieran (or: diesen)

Affirmative Imperative / Imperativo affirmativo: play!, let's play!, etc. *(For the forms of address "we" and "you" use the subjunctive mood)*

----	¡encontremos!	----	¡juguemos!	----	¡demos!
¡encuentra!	¡encontrad!	¡juega!	¡jugad!	¡da!	¡dad!
¡encuentre! (usted)	¡encuentren! (ustedes)	¡juegue! (usted)	¡jueguen! (ustedes)	¡dé! (usted)	¡den! (ustedes)

Negative Imperative / Imperativo negativo: don't play!, let's not play! etc. *(For all forms of address, use the subjunctive mood)*

----	¡no encontremos!	----	¡no juguemos!	----	¡no demos!
¡no encuentres!	¡no encontréis!	¡no juegues!	¡no juguéis!	¡no des!	¡no deis!
¡no encuentre! (usted)	¡no encuentren! (ustedes)	¡no juegue! (usted)	¡no jueguen! (ustedes)	¡no dé! (usted)	¡no den! (ustedes)

Gerund / Gerundio: meeting/being, playing, giving					
encontrando		jugando		dando	

Past Participle, masculine *(-o, -os)* or feminine *(-a, -as)* / Participio perfecto: masculino o feminino					
encontrado	encontrados	jugado	jugados	dado	dados
encontrada	encontradas	jugada	jugadas	dada	dada

9.8 e-Conjugation Regular/Irregular Verbs

This group of verbs contains a larger number of irregular verbs than the a group. Below you will first find the tenses for an important, **regular** verb of the e-group (comer, without vowel change, stem number 2 in the vocabulary section) in tabular form.

Three other important, but **irregular** verb groups are covered representatively by:

hacer (-cer/-g-; to make, to do; 2 a)
conocer (-cer/-zc-; to know; 2 b)
tener (tengo/tienes; to have, to possess; 2 c).

The conjugation of the latter is already listed in the auxiliary verbs for comparison purposes, so hacer and conocer are added to *comer* in this table. Incidentally, *ofrecer* (to offer) is conjugated like *conocer*.

The three following tables contain the verbs:

poder (-ue-/-o-; can; 2 d)
volver (-ue-/-o-; to return; 2 e)
querer (-ie-/-e; to want, to love; 2 f)
saber (strongly irregular; to know; opposite of poder!; 2 g)
poner (pongo/pones; to put, to place; 2 h)
traer (-igo/-a; to bring; 2 i)
escoger (-jo/-ge; to choose; 2 j)
leer (-e-/-ye-; to read; 2 k)
ver (-ie-/-e; only occasionally irregular; to see; 2 l).

9.8.1 Type comer, hacer, conocer

Indicative Present / Presente de indicativo: I do, you do, etc. *(Attach the present tense endings to the infinitive stem)*					
comer (2; eat)		hacer (2 a; to make, to do)		conocer (2 b; know)	
como	comemos	hago (!)	hacemos	conozco (!)	conocemos
comes	coméis	haces	hacéis	conoces	conocéis
come	comen	hace	hacen	conoce	conocen
Indicative Present Perfect / Pasado perfecto de indicativo: I have made, you have made, etc. *[Present indicative of the verb "haber" + past participle of the respective verb (comido etc.)]*					
he comido	hemos comido	he hecho (!)	hemos hecho	he conocido	hemos conocido
has comido	habéis comido	has hecho	habéis hecho	has conocido	habéis conocido
ha comido	han comido	ha hecho	han hecho	ha conocido	han conocido
Indicative Past Tense / Pasado imperfecto de indicativo: I made, you made, etc. (see also indefinido!) *(Attach the imperfect endings to the infinitive stem)*					
comía	comíamos	hacía	hacíamos	conocía	conocíamos
comías	comíais	hacías	hacíais	conocías	conocíais
comía	comían	hacía	hacían	conocía	conocían
Indicative Indefinido / Pasado indefinido de indicativo: I made, you made, etc. (see also Imperfecto!) *(Attach the indefinite endings to the infinitive stem)*					
comí	comimos	hice (!)	hicimos	conocí (I got to know) (!)	conocimos
comiste	comisteis	hiciste	hicisteis	conociste	conocisteis
comió	comieron	hizo (!)	hicieron	conoció	conocieron
Indicative Pluperfect / Pluscuamperfecto de indicativo: I had made, you had made, etc. *[indicative imperfect of the verb "haber" + past participle of the respective verb (comido etc.); rarely used]*					
había comido	habíamos comido	había hecho	habíamos hecho	había conocido	habíamos conocido

habías comido	habíais comido	habías hecho	habíais hecho	habías conocido	habíais conocido
había comido	habían comido	había hecho	habían hecho	había conocido	habían conocido

Indicative Future I / Futuro de indicativo: I will do, you will do, etc.
(Attach the future endings to the infinitive (not: infinitive stem!))

comeré	comeremos	haré (!)	haremos	conoceré	conoceremos
comerás	comeréis	harás	haréis	conocerás	conoceréis
comerá	comerán	hará	harán	conocerá	conocerán

Indicative Future II / Futuro perfecto de indicativo: I will have done, you will have done, etc. *[Indicative future I of the verb "haber" + past participle of the respective verb (comido etc.)]*

habré comido	habremos comido	habré hecho	habremos hecho	habré conocido	habremos conocido
habrás comido	habréis comido	habrás hecho	habréis hecho	habrás conocido	habréis conocido
habrá comido	habrán comido	habrá hecho	habrán hecho	habrá conocido	habrán conocido

Indicative Conditional I / Condicional I: I would make, you would make, etc.
(Attach the conditional endings to the infinitive as with the future tense)

comería	comeríamos	haría	haríamos	conocería	Conoceríamos
comerías	comeríais	harías	haríais	conocerías	conoceríais
comería	comerían	haría	harían	conocería	conocerían

Subjunctive Present / Presente de subjuntivo: (that) I do, (that) you do, etc.
(Attach the subjunctive endings to the stem of the first person singular of the present indicative. For the e-verbs, the -e changes to -a)

coma	comamos	haga (!)	hagamos	conozca (!)	conozcamos
comas	comáis	hagas	hagáis	conozcas	conozcáis
coma	coman	haga	hagan	conozca	conozcan

Subjunctive Past Tense / Imperfecto de subjuntivo: (that) I did, (that) you did, etc.
(Adding the endings to the stem of the third person plural of the indefinido)

comiera (or: comiese)	comiéramos (or: comiésemos)	hiciera (!) (or: hiciese)	hiciéramos (or: hiciésemos)	conociera (or: conociese)	conociéramos (or: conociésemos)
comieras (or: comieses)	comierais (or: comieseis)	hicieras (or: hicieses)	hicierais (or: hicieseis)	conocieras (or: conocieses)	conocierais (or: conocieseis)
comiera (or: comiese)	comieran (or: comiesen)	hiciera (or: hiciese)	hicieran (or: hiciesen)	conociera (or: conociese)	conocieran (or: conociesen)

Subjunctive Pluperfect / Pluscuamperfecto de subjuntivo: (that) I had done, (that) you had done, etc. *[Attach the endings to the stem of the third person plural of the indefinido of the verb "haber" + past participle of the verb in question (comido etc.)]*

hubiera (or: hubiese) comido	hubiéramos (or: hubiésemos) comido	hubiera (or: hubiese) hecho	hubiéramos (or: hubiésemos) hecho	hubiera (or: hubiese) conocido	hubiéramos (or: hubiésemos) conocido
hubieras (or: hubieses) comido	hubierais (or: hubieseis) comido	hubieras (or: hubieses) hecho	hubierais (or: hubieseis) hecho	hubieras (or: hubieses) conocido	hubierais (or: hubieseis) conocido
hubiera (or: hubiese) comido	hubieran (or: hubiesen) comido	hubiera (or: hubiese) hecho	hubieran (or: hubiesen) hecho	hubiera (or: hubiese) conocido	hubieran (or: hubiesen) conocido

Affirmative Imperative / Imperativo afirmativo: do!, let's do!, etc.
(For the forms of address "we" and "you", use the subjunctive mood)

----	¡comamos!	----	¡hagamos!	----	¡conozcamos!
¡come!	¡comed!	¡hace!	¡haced! (!)	¡conoce!	¡conoced!
¡coma! (usted)	¡coman! (ustedes)	¡haga! (usted)	¡hagan! (ustedes)	¡conozca! (usted) (!)	¡conozcan! (ustedes)

Negative Imperative / Imperativo negativo: don't do it!, let's not do it!, etc. *(For all forms of address, use the subjunctive mood)*

----	¡no comamos!	----	¡no hagamos!	----	¡no conozcamos!
¡no comas!	¡no comáis!	¡no hagas!	¡no hagáis!	¡no conozcas! (!)	¡no conozcáis!
¡no coma! (usted)	¡no coman! (ustedes)	¡no haga! (usted)	¡no hagan! (ustedes)	¡no conozca! (usted)	¡no conozcan! (ustedes)

Gerundium / Gerundio: eating, making, knowing		
comiendo	haciendo	conociendo

Past Participle, masculine *(-o, -os)* or feminine *(-a, -as)* / Participio perfecto: masculino o feminino					
comido	comidos	hecho	hechos	conocido	conocidos
comida	comidas	hecha	hechas	conocida	conocidas

9.8.2 Irregular verbs e-conjugation

poder (*-ue-/-o-*; can (in the sense of: physically can do something, **not:** to know something; 2 d))

volver (*-ue-/-o-*; to return, to do something again; 2 e), since some forms show differences to poder. Almost identical for mover (to move)

querer (*-ie-/-e-*; to want, to love; 2 f)
Very similar: tener (*-ie-/-e-* and *tengo/tienes*), defender (to defend), entender (to understand)

Type poder, volver, querer

Indicative Present / Presente de indicativo: I return, you return, etc. (Attach the present tense endings to the infinitive stem)					
poder (2 d; can)		volver (2 e; return)		querer (2 f; want, love)	
puedo (!)	podemos	vuelvo (!)	volvemos	quiero (!)	queremos
puedes	podéis	vuelves	volvéis	quieres	queréis
puede	pueden	vuelve	vuelven	quiere	quieren
Indicative Present Perfect / Pasado perfecto de indicativo: we have returned, you have returned, etc. *[Present indicative of the verb "haber" + past participle of the respective verb (podido etc.)]*					
he podido	hemos podido	he vuelto (!)	hemos vuelto	he querido	hemos querido
has podido	habéis podido	has vuelto	habéis vuelto	has querido	habéis querido
ha podido	han podido	ha vuelto	han vuelto	ha querido	han querido

Indicative Past Tense / Pasado imperfecto de indicativo: I returned, you returned, etc.
(see also indefinido!) *(Attach the imperfect endings to the infinitive stem)*

podía	podíamos	volvía	volvíamos	quería	queríamos
podías	podíais	volvías	volvíais	querías	queríais
podía	podían	volvía	volvían	quería	querían

Indicative Indefinido / Pasado indefinido de indicativo: I returned, you returned, etc. (see also Imperfecto!) *(Attach the indefinite endings to the infinitive stem)*

pude (!)	pudimos	volví	volvimos	quise (!)	quisimos
pudiste	pudisteis	volviste	volvisteis	quisiste	quisisteis
pudo (!)	pudieron	volvió	volvieron	quiso (!)	quisieron

Indicative Pluperfect / Pluscuamperfecto de indicativo: I had returned etc.
[indicative imperfect of the verb "haber" + past participle of the respective verb (podido etc.); rarely used]

había podido	habíamos podido	había vuelto (!)	habíamos vuelto	había querido	habíamos querido
habías podido	habíais podido	habías vuelto	habíais vuelto	habías querido	habíais querido
había podido	habían podido	había vuelto	habían vuelto	había querido	habían querido

Indicative Future I / Futuro de indicativo: I will return, you will return, etc.
(Attach the future endings to the infinitive (not: infinitive stem!))

podré (!)	podremos	volveré	volveremos	querré (!)	querremos
podrás	podréis	volverás	volveréis	querrás	querréis
podrá	podrán	volverá	volverán	querrá	querrán

Indicative future II / Futuro perfecto de indicativo: I will have returned, you will have returned, etc.
[Indicative future I of the verb "haber" + past participle of the respective verb (podido etc.)]

habré podido	habremos podido	habré vuelto	habremos vuelto	habré querido	habremos querido
habrás podido	habréis podido	habrás vuelto	habréis vuelto	habrás querido	habréis querido
habrá podido	habrán podido	habrá vuelto	habrán vuelto	habrá querido	habrán querido

Indicative Conditional I / Condicional I: I would return, you would return etc.
(Attach the conditional endings to the infinitive as with the future tense)

podría (!)	podríamos	volvería	volveríamos	querría (!)	querríamos
podrías	podríais	volverías	volveríais	querrías	querríais
podría	podrían	volvería	volverían	querría	querrían

Subjunctive Present / Presente de subjuntivo: (that) I return, (that) you return, etc.
(Attach the subjunctive endings to the stem of the first person singular of the present indicative. For the e-verbs, the -e changes to -a)

pueda (!)	podamos (!)	vuelva (!)	volvamos	quiera (!)	queramos
puedas	podáis	vuelvas	volváis	quieras	queráis
pueda	puedan	vuelva	vuelvan	quiera	quieran

Subjunctive Past Tense / Imperfecto de subjuntivo: (that) I returned, (that) you returned, etc. *(Adding the endings to the stem of the third person plural of the indefinido)*

pudiera (!) (or: pudiese)	pudiéramos (or: pudiésemos)	volviera (or: volviese)	volviéramos (or: volviésemos)	quisiera (!) (or: quisiese)	quisiéramos (or: quisiésemos)
pudieras (or: pudieses)	pudierais (or: pudieseis)	volvieras (or: volvieses)	volvierais (or: volvieseis)	quisieras (or: quisieses)	quisierais (or: quisieseis)
pudiera (or: pudiese)	pudieran (or: pudiesen)	volviera (or: volviese)	volvieran (or: volviesen)	quisiera (or: quisiese)	quisieran (or: quisiesen)

Subjunctive Pluperfect / Pluscuamperfecto de subjuntivo: (that) I had returned, (that) you had returned, etc. *(Attach the endings to the stem of the third person plural of the indefinido of the verb "haber" + past participle of the verb in question (podido etc.)].*

hubiera (or: hubiese) podido	hubiéramos (or: hubiésemos) podido	hubiera (or: hubiese) vuelto	hubiéramos (or: hubiésemos) vuelto	hubiera (or: hubiese) querido	hubiéramos (or: hubiésemos) querido
hubieras (or: hubieses) podido	hubierais (or: hubieseis) podido	hubieras (or: hubieses) vuelto	hubierais (or: hubieseis) vuelto	hubieras (or: hubieses) querido	hubierais (or: hubieseis) querido
hubiera (or: hubiese) podido	hubieran (or: hubiesen) podido	hubiera (or: hubiese) vuelto	hubieran (or: hubiesen) vuelto	hubiera (or: hubiese) querido	hubieran (or: hubiesen) querido

Affirmative Imperative / Imperativo affirmativo: do!, let's do!, etc. *(For the forms of address "we" and "you" use the subjunctive mood)*					
----	¡podamos!	----	¡volvamos!	----	¡queramos!
¡puede! (!)	¡poded!	¡vuelve! (!)	¡volved! (!)	¡quiere! (!)	¡quered!
¡pueda! (usted)	¡puedan! (ustedes)	¡vuelva! (usted)	¡vuelvan! (ustedes)	¡quiera! (usted) (!)	¡quieran! (ustedes)

Negative Imperative / Imperativo negativo: don't do it!, let's not do it!, etc. *(For all forms of address, use the subjunctive mood)*

----	¡no podamos!	----	¡no volvamos!	----	¡no queramos!
¡no puedas! (!)	¡no podáis!	¡no vuelvas! (!)	¡no volváis!	¡no quieras! (!)	¡no queráis!
¡no pueda! (usted)	¡no puedan! (ustedes)	¡no vuelva! (usted)	¡no vuelvan! (ustedes)	¡no quiera! (usted)	¡no quieran! (ustedes)

Gerund / Gerundio: being able, returning, wanting

pudiendo (!)	volviendo	queriendo

Past Participle, masculine (-o, -os) or feminine (-a, -as) / Participio perfecto: masculino o feminino

podido	podidos	vuelto	vueltos	querido	queridos
podida	podidas	vuelta	vueltas	querida	queridas

9.8.3 Type saber, poner, traer

The conjugation of the verb „caer" (to fall) is done in a similar manner.

Indicative Present / Presente de indicativo: I know, you know, etc. *(Attach the present tense endings to the infinitive stem)*					
saber (2 g; know)		poner (2 h; set, place, lay)		traer (2 i; bring)	
sé (!)	sabemos	pongo (!)	ponemos	traigo (!)	traemos
sabes	sabéis	pones	ponéis	traes	traéis
sabe	saben	pone	ponen	trae	traen

Indicative Present Perfect / Pasado perfecto de indicativo: I have known, you have known, etc. *[Present indicative of the verb "haber" + past participle of the respective verb (sabido etc.)]*

he sabido	hemos sabido	he puesto (!)	hemos puesto	he traído (!)	hemos traído
has sabido	habéis sabido	has puesto	habéis puesto	has traído	habéis traído
ha sabido	han sabido	ha puesto	han puesto	ha traído	han traído

Indicative Past Tense / Pasado imperfecto de indicativo: I knew, you knew, etc. (see also indefinido!) *(Attach the imperfect endings to the infinitive stem)*

sabía (I knew) (!)	sabíamos	ponía	poníamos	traía	traíamos
sabías	sabíais	ponías	poníais	traías	traíais
sabía	sabían	ponía	ponían	traía	traían

Indicative Indefinido / Pasado indefinido de indicativo: I knew, you knew, etc. (see also Imperfecto!) *(Attach the indefinite endings to the infinitive stem)*

supe (I learned) (!)	supimos	puse (!)	pusimos	traje (!)	trajimos
supiste	supisteis	pusiste	pusisteis	trajiste	trajisteis
supo	supieron	puso (!)	pusieron	trajo	trajeron (!)

Indicative Pluperfect / Pluscuamperfecto de indicativo: I had known, you had known, etc. *[indicative imperfect of the verb "haber" + past participle of the respective verb (sabido etc.); rarely used]*

había sabido	habíamos sabido	había puesto	habíamos puesto	había traído	habíamos traído
habías sabido	habíais sabido	habías puesto	habíais puesto	habías traído	habíais traído
había sabido	habían sabido	había puesto	habían puesto	había traído	habían traído

Indicative Future I / Futuro de indicativo: I will know, you will know, etc. *(Attach the future endings to the infinitive (not: infinitive stem!))*

sabré (!)	sabremos	pondré (!)	pondremos	traeré	traeremos
sabrás	sabréis	pondrás	pondréis	traerás	traeréis
sabrá	sabrán	pondrá	pondrán	traerá	traerán

Indicative Future II / Futuro perfecto de indicativo: I will have known, you will have known, etc. *[indicative future I of the verb "haber" + past participle of the respective verb (sabido etc.)]*

habré sabido	habremos sabido	habré puesto	habremos puesto	habré traído	habremos traído
habrás sabido	habréis sabido	habrás puesto	habréis puesto	habrás traído	habréis traído
habrá sabido	habrán sabido	habrá puesto	habrán puesto	habrá traído	habrán traído

Indicative Conditional I / Condicional I: I would know, you would know, etc.
(Attach the conditional endings to the infinitive as with the future tense)

sabría (!)	sabríamos	pondría (!)	pondríamos	traería	traeríamos
sabrías	sabríais	pondrías	pondríais	traerías	traeríais
sabría	sabrían	pondría	pondrían	traería	traerían

Subjunctive Present / Presente de subjuntivo: (that) I know, (that) you know, etc.
(Attach the subjunctive endings to the stem of the first person singular of the present indicative. For the e-verbs, the -e changes to -a)

sepa (!)	sepamos	ponga (!)	pongamos	traiga (!)	traigamos
sepas	sepáis	pongas	pongáis	traigas	traigáis
sepa	sepan	ponga	pongan	traiga	traigan

Subjunctive Past Tense / Imperfecto de subjuntivo: (that) I knew, (that) you knew, etc.
(Adding the endings to the stem of the third person plural of the indefinido)

supiera (!) (or: supiese)	supiéramos (or: supiésemos)	pusiera (!) (or: pusiese)	pusiéramos (or: pusiésemos)	trajera (!) (or: trajese)	trajéramos (or: trajésemos)
supieras (or: supieses)	supierais (or: supieseis)	pusieras (or: pusieses)	pusierais (or: pusieseis)	trajeras (or: trajeses)	trajerais (or: trajeseis)
supiera (or: supiese)	supieran (or: supiesen)	pusiera (or: pusiese)	pusieran (or: pusiesen)	trajera (or: trajese)	trajeran (or: trajesen)

Subjunctive Pluperfect / Pluscuamperfecto de subjuntivo: (that) I had known, (that) you had known, etc. *[Attach the endings to the stem of the third person plural of the indefinido of the verb "haber" + past participle of the verb in question (sabido etc.)]*

hubiera (or: hubiese) sabido	hubiéramos (or: hubiésemos) sabido	hubiera (or: hubiese) puesto	hubiéramos (or: hubiésemos) puesto	hubiera (or: hubiese) traído	hubiéramos (or: hubiésemos) traído
hubieras (or: hubieses) sabido	hubierais (or: hubieseis) sabido	hubieras (or: hubieses) puesto	hubierais (or: hubieseis) puesto	hubieras (or: hubieses) traído	hubierais (or: hubieseis) traído
hubiera (or: hubiese) sabido	hubieran (or: hubiesen) sabido	hubiera (or: hubiese) puesto	hubieran (or: hubiesen) hecho	hubiera (or: hubiese) traído	hubieran (or: hubiesen) traído

Affirmative Imperative / Imperativo affirmativo: put! etc
(For the forms of address "we" and "you" use the subjunctive mood)

----	¡sepamos!	----	¡pongamos!	----	¡traigamos!
¡sabe!	¡sabed!	¡pon!	¡poned! (!)	¡trae!	¡traed!
¡sepa! (usted) (!)	¡sepan! (ustedes)	¡ponga! (usted)	¡pongan! (ustedes)	¡traiga! (usted) (!)	¡traigan! (ustedes)

Negative Imperative / Imperativo negativo: don't put! etc. *(For all forms of address, use the subjunctive mood)*

----	¡no sepamos!	----	¡no pongamos!	----	¡no traigamos!
¡no sepas!	¡no sepáis!	¡no pongas!	¡no pongáis!	¡no traigas!	¡no traigáis!
¡no sepa! (usted)	¡no sepan! (ustedes)	¡no ponga! (usted)	¡no pongan! (ustedes)	¡no traiga! (usted)	¡no traigan! (ustedes)

Gerund / Gerundio: knowing, putting/placing, bringing

sabiendo	poniendo	trayendo

Past Participle, masculine *(-o, -os)* or feminine *(-a, -as)* / Participio Perfecto: masculino o feminino

sabido	sabidos	puesto	puestos	traído	traídos
sabida	sabidas	puesta	puestas	traída	traídas

Type escoger, leer, ver

Indicative Present / Presente de indicativo: I read, you read, etc. *(Attach the present tense endings to the infinitive stem)*					
escoger (2 y; select)		leer (2 k; read)		ver (2 l; see)	
escojo	escogemos	leo	leemos	veo	vemos
escoges	escogéis	lees	leéis	ves	veis
escoge	escogen	lee	leen	ve	ven

Indicative Perfect Tense / Pasado perfecto de indicativo: I have read, you have read, etc. *[Present indicative of the verb "haber" + past participle of the respective verb (escogido etc.)]*					
he escogido	hemos escogido	he leído (!)	hemos leído	he visto	hemos visto
has escogido	habéis escogido	has leído	habéis leído	has visto	habéis visto
ha escogido	han escogido	ha leído	han leído	ha visto	han visto

Indicative Past Tense / Pasado imperfecto de indicativo: I read, you read, etc. (see also indefinido!) *(Attach the imperfect endings to the infinitive stem)*					
escogía	escogíamos	leía	leíamos	veía	veíamos
escogías	escogíais	leías	leíais	veías	veíais
escogía	escogían	leía	leían	veía	veían

Indicative Indefinido / Pasado indefinido de indicativo: I read, you read, etc. (see also Imperfecto!) *(Attach the indefinite endings to the infinitive stem)*					
escogí	escogimos	leí	leímos	ví (!)	vimos
escogiste	escogisteis	leíste	leisteis	viste	veisteis
escogió	escogieron	leyó (!)	leyeron (!)	vio (!)	vieron

Indicative Pluperfect / Pluscuamperfecto de indicativo: I had read, you had read, etc. *[indicative imperfect of the verb "haber" + past participle of the respective verb (escogido etc.); rarely used]*					
había escogido	habíamos escogido	había leído	habíamos leído	había visto	habíamos visto
habías escogido	habíais escogido	habías leído	habíais leído	habías visto	habíais visto

había escogido	habían escogido	había leído	habían leído	había visto	habían visto

Indicative Future I / Futuro de indicativo: I will read, you will read, etc.
(Attach the future endings to the infinitive (not: infinitive stem!))

escogeré	escogeremos	leeró	leeremos	veré	veremos
escogerás	escogeréis	leerás	leeréis	verás	veréis
escogerá	escogerán	leerá	leerán	verá	verán

Indicative Future II / Futuro perfecto de indicativo: I will have read, you will have read, etc.
[Indicative future I of the verb "haber" + past participle of the respective verb (escogido etc.)]

habré escogido	habremos escogido	habré leído	habremos leído	habré visto	habremos visto
habrás escogido	habréis escogido	habrás leído	habréis leído	habrás visto	habréis visto
habrá escogido	habrán escogido	habrá leído	habrán leído	habrá visto	habrán visto

Indicative Conditional I / Condicional I: I would read, you would read, etc.
(Attach the conditional endings to the infinitive as with the future tense)

escogería	escogeríamos	leería	leeríamos	vería	veríamos
escogerías	escogeríais	leerías	leeríais	verías	veríais
escogería	escogerían	leería	leerían	vería	verían

Subjunctive Present / Presente de subjuntivo: (that) I see, (that) you see, etc.
(Attach the subjunctive endings to the stem of the first person singular of the present indicative. For the e-verbs, the -e changes to -a)

escoja (!)	escojamos	lea	leamos	vea	veamos
escojas	escojáis	leas	leáis	veas	veáis
escoja	escojan	lea	lean	vea	vean

Subjunctive Past Tense / Imperfecto de subjuntivo: (that) I saw, that you saw, etc.
(Adding the endings to the stem of the third person plural of the indefinido)

escogiera (or: escogiese)	escogiéramos (or: escogiésemos)	leyera (!) (or: leyese)	leyéramos (or: leyésemos)	viera (or: viese)	viéramos (or: viésemos)
escogieras (or: escogieses)	escogierais (or: escogieseis)	leyeras (or: leyeses)	leyerais (or: leyeseis)	vieras (or: vieses)	vierais (or: vieseis)
escogiera (or: escogiese)	escogieran (or: escogiesen)	leyera (or: leyese)	leyeran (or: leyesen)	viera (or: viese)	vieran (or: viesen)

Subjunctive Pluperfect / Pluscuamperfecto de subjuntivo: (that) I had seen, (that) you had seen, etc. *[Attach the endings to the stem of the third person plural of the indefinido of the verb "haber" + past participle of the verb in question (escogido etc.)]*

hubiera (or: hubiese) escogido	hubiéramos (or: hubiésemos) escogido	hubiera (or: hubiese) leído	hubiéramos (or: hubiésemos) leído	hubiera (or: hubiese) visto	hubiéramos (or: hubiésemos) visto
hubieras (or: hubieses) escogido	hubierais (or: hubieseis) escogido	hubieras (or: hubieses) leído	hubierais (or: hubieseis) leído	hubieras (or: hubieses) visto	hubierais (or: hubieseis) visto
hubiera (or: hubiese) escogido	hubieran (or: hubiesen) escogido	hubiera (or: hubiese) leído	hubieran (or: hubiesen) leído	hubiera (or: hubiese) visto	hubieran (or: hubiesen) visto

Affirmative Imperative / Imperativo affirmativo: read!, let's read!, etc. *(For the forms of address "we" and "you" use the subjunctive mood)*

----	¡escojamos!	----	¡leamos!	----	¡veamos!
¡escoge!	¡escoged!	¡lee!	¡leed! (!)	¡ve!	¡ved!
¡escoja! (usted)	¡escojan! (ustedes)	¡lea! (usted)	¡lean! (ustedes)	¡vea! (usted) (!)	¡vean! (ustedes)

Negative Imperative / Imperativo negativo: don't read! Let's not read!, etc. *(For all forms of address, use the subjunctive mood)*

----	¡no escojamos!	----	¡no leamos!	----	¡no veamos!
¡no escojas!	¡no escojáis!	¡no leas!	¡no leáis!	¡no veas! (!)	¡no veáis!
¡no escoja! (usted)	¡no escojan! (ustedes)	¡no lea! (usted)	¡no lean! (ustedes)	¡no vea! (usted)	¡no vean! (ustedes)

Gerund / Gerundio: choosing, reading, seeing					
escogiendo		leyendo (!)		viendo	

Past Participle, masculine *(-o, -os)* or feminine *(-a, -as)* / Participio Perfecto: masculino o feminino					
escogido	escogidos	leído	leídos	visto	vistos
escogida	escogidas	leída	leídas	vista	vistas

9.9 i-Conjugation Regular/Irregular Verbs

Important irregular verbs can also be found in this group of verbs. The following seven tables should give you a fairly complete overview. The first of these (Verbs 4.1) contains a frequently used regular verb (*vivir*) and two almost regular verbs (*abrir, escribir*), each without a vowel change, stem number 3 in the vocabulary section). The verbs *subir* or *recibir*, for example, are conjugated in the same way.

In the following six tables, the irregular verbs are grouped as follows.

Irregular verbs i-conjugation (II) [group e-i (3 a)]:
repetir (to repeat)
pedir (to ask, to order)
seguir (to follow)

Similarly, one conjugates *servir* (to serve), *vestirse* (to dress) and *conseguir* (to achieve).

Irregular verbs i-conjugation (III) [group e-ie (3 b)]:
preferir (to prefer)
sentir (to feel)
venir (to come).

In the same way you conjugate *mentir* (to lie), *divertirse* (to have fun), *requerir* (to need, to require), *convertir* (to convert, to make into), among others.

Irregular verbs i-conjugation (IV) [group o-ue (3 c)]: 67ot he verbs *dormir* (to sleep) and *morir* (to die) conjugated according to this pattern, I have added the strongly irregular *ir* (to walk; 3 d).

Irregular verbs i-conjugation (V) (special stems I):
salir (*salgo/sales*; to go out, to leave, to leave behind, to result; 3 e)
reír (*e-í*; to laugh; 3 f)
decir (*e-i/c-g-j*; to say; 3 g)

Irregular verbs i-conjugation (VI) (special stems II):
conducir (*c-zc-j*; to drive, to lead, to behave; 3 h)
construir (*i-ye*; to build, to construct; 3 i)
oír (*í-ye*; to hear; 3 j).

Irregular verbs i-conjugation (VII) (special stems III):
elegir (*elijo/eliges*; to choose; 3 k); likewise:
dirigir (to lead, to guide),
erguir (to lift up; 3 l),
arguir (to argue; 3 m)

Regarding *distinguir* (to distinguish), I mentioned only the special forms of the presente indicativo and subjuntivo.

9.9.1 Type abrir, escribir, vivir

Indicative Present / Presente de indicativo: I live, you live, etc. *(Attach the present tense endings to the infinitive stem)*					
abrir (3; open)		escribir (3; write)		vivir (3; live)	
abro	abrimos	escribo	escribimos	vivo	vivimos
abres	abrís	escribes	escribís	vives	vivís
abre	abren	escribe	escriben	vive	viven
Indicative Present Perfect / Pasado perfecto de indicativo: I have lived, you have lived etc. *[Present indicative of the verb "haber" + past participle of the respective verb (abierto etc.)]*					
he abierto	hemos abierto	he escrito (!)	hemos escrito	he vivido	hemos vivido
has abierto	habéis abierto	has escrito	habéis escrito	has vivido	habéis vivido
ha abierto	han abierto	ha escrito	han escrito	ha vivido	han vivido
Indicative Past Tense / Pasado imperfecto de indicativo: I lived, you lived, etc. (see also indefinido!) *(Attach the imperfect endings to the infinitive stem)*					

abría	abríamos	escribía	escribíamos	vivía	vivíamos
abrías	abríais	escribías	escribíais	vivías	vivíais
abría	abrían	escribía	escribían	vivía	vivían

Indicative Indefinido / Pasado indefinido de indicativo: I lived, you lived, etc. (see also Imperfecto!) *(Attach the indefinite endings to the infinitive stem)*

abrí	abrimos	escribí	escribimos	viví	vivimos
abriste	abristeis	escribiste	escribisteis	viviste	vivisteis
abrió	abrieron	escribió	escribieron	vivió	vivieron

Indicative Pluperfect / pluscuamperfecto de indicativo: I had lived, you had lived, etc. *[indicative imperfect of the verb "haber" + past participle of the respective verb (abierto etc.); rarely used]*

había abierto	habíamos abierto	había escrito	habíamos escrito	había vivido	habíamos vivido
habías abierto	habíais abierto	habías escrito	habíais escrito	habías vivido	habíais vivido
había abierto	habían abierto	había escrito	habían escrito	había vivido	habían vivido

Indicative Future I / Futuro de indicativo: I will live, you will live, etc. *(Attach the future endings to the infinitive (not: infinitive stem!))*

abriré	abriremos	escribiré	escribremos	viviré	viviremos
abrirás	abriréis	escribirás	escribréis	vivirás	viviréis
abrirá	abrirán	escribirá	escribirán	vivirá	vivirán

Indicative Future II / Futuro perfecto de indicativo: I will have lived, you will have lived, etc. *[Indicative future I of the verb "haber" + past participle of the respective verb (abierto etc.)].*

habré abierto	habremos abierto	habré escrito	habremos escrito	habré vivido	habremos vivido
habrás abierto	habréis abierto	habrás escrito	habréis escrito	habrás vivido	habréis vivido
habrá abierto	habrán abierto	habrá escrito	habrán escrito	habrá vivido	habrán vivido

Indicative Conditional I / Condicional I: I would live, you would live, etc. *(Attach the conditional endings to the infinitive as with the future tense)*

abriría	abriríamos	escribiría	escribiríamos	viviría	viviríamos
abrirías	abriríais	escribirías	escribiríais	vivirías	viviríais
abriría	abrirían	escribiría	escribirían	viviría	vivirían

Subjunctive Present / Presente de subjuntivo: (that) I write, (that) you write, etc.
(Attach the subjunctive endings to the stem of the first person singular of the present indicative. For the i-verbs, the -i changes to -a)

abra	abramos	escriba	escribamos	viva	vivamos
abras	abráis	escribas	escribáis	vivas	viváis
abra	abran	escriba	escriban	viva	vivan

Subjunctive Past Tense / Imperfecto de subjuntivo: (that) I wrote, (that) you wrote, etc.
(Adding the endings to the stem of the third person plural of the indefinido)

abriera (or: abriese)	abriéramos (or: abriésemos)	escribiera (or: escribiese)	escribiéramos (or: escribiésemos)	viviera (or: viviese)	viviéramos (or: viviésemos)
abrieras (or: abrieses)	abrierais (or: abrieseis)	escribieras (or: escribieses)	escribierais (or: escribieseis)	vivieras (or: vivieses)	vivierais (or: vivieseis)
abriera (or: abriese)	abrieran (or: abriesen)	escribiera (or: escribiese)	escribieran (or: escribiesen)	viviera (or: viviese)	vivieran (or: viviesen)

Subjunctive Pluperfect / Pluscuamperfecto de subjuntivo: (that) I had written, (that) you had written, etc. *[Attach the endings to the stem of the third person plural of the indefinido of the verb "haber" + past participle of the verb in question (abierto etc.)]*

hubiera (or: hubiese) abierto	hubiéramos (or: hubiésemos) abierto	hubiera (or: hubiese) escrito	hubiéramos (or: hubiésemos) escrito	hubiera (or: hubiese) vivido	hubiéramos (or: hubiésemos) vivido
hubieras (or: hubieses) abierto	hubierais (or: hubieseis) abierto	hubieras (or: hubieses) escrito	hubierais (or: hubieseis) escrito	hubieras (or: hubieses) vivido	hubierais (or: hubieseis) vivido
hubiera (or: hubiese) abierto	hubieran (or: hubiesen) abierto	hubiera (or: hubiese) escrito	hubieran (or: hubiesen) escrito	hubiera (or: hubiese) vivido	hubieran (or: hubiesen) vivido

Affirmative Imperative / Imperativo affirmativo: live!, let's live!, etc. *(For the forms of address "we" and "you", use the subjunctive mood)*					
----	¡abramos!	----	¡escribamos!	----	¡vivamos!
¡abre!	¡abrid!	¡escribe!	¡escribid! (!)	¡vive!	¡vivid!
¡abra! (usted)	¡abran! (ustedes)	¡escriba! (usted)	¡escriban! (ustedes)	¡viva! (usted) (!)	¡vivan! (ustedes)
Negative Imperative / imperativo negativo: don't live!, let's not live!, etc. *(For all forms of address, use the subjunctive mood)*					
----	¡no abramos!	----	¡no escribamos!	----	¡no vivamos!
¡no abras!	¡no abráis!	¡no escribas!	¡no escribáis!	¡no vivas! (!)	¡no viváis!
¡no abra! (usted)	¡no abran! (ustedes)	¡no escriba! (usted)	¡no escriban! (ustedes)	¡no viva! (usted)	¡no vivan! (ustedes)
Gerund / Gerundio: opening, writing, living					
abriendo		escribiendo		viviendo	
Past Participle, masculine *(-o, -os)* or feminine *(-a, -as)* / Participio Perfecto: masculino o feminino					
abierto	abiertos	escrito	escritos	vivido	vividos
abierta	abiertas	escrita	escritas	vivida	vividas

9.9.2 Type repetir, pedir, seguir

To handle in the same manner: *servir* (to serve), *vestirse* (to dress) and *conseguir* (to achieve)

Indicative Present / Presente de indicativo: I follow, you follow, etc. *(Attach the present tense endings to the infinitive stem)*					
repetir (3 a; repeat)		pedir (3 a; ask, order)		seguir (3 a; follow)	
repito (!)	repetimos (!)	pido (!)	pedimos	sigo (!)	seguimos
repites	repetís	pides	pedís	sigues	seguís
repite	repiten (!)	pide	piden (!)	sigue	siguen (!)

Indicative Present Perfect / Pasado perfecto de indicativo: I followed, you followed, etc.
[Present indicative of the verb "haber" + past participle of the respective verb (repetido etc.)]

he repetido	hemos repetido	he pedido	hemos pedido	he seguido	hemos seguido
has repetido	habéis repetido	has pedido	habéis pedido	has seguido	habéis seguido
ha repetido	han repetido	ha pedido	han pedido	ha seguido	han seguido

Indicative Past Tense / Pasado imperfecto de indicativo: I followed, you followed, etc.
(see also indefinido!) *(Attach the imperfect endings to the infinitive stem)*

repetía	repetíamos	pedía	pedíamos	seguía	seguíamos
repetías	repetíais	pedías	pedíais	seguías	seguíais
repetía	repetían	pedía	pedían	seguía	seguían

Indicative Indefinido / Pasado indefinido de indicativo: I followed, you followed, etc. (see also Imperfecto!) *(Attach the indefinite endings to the infinitive stem)*

repetí	repetimos	pedí	pedimos	seguí	seguimos
repetiste	repetisteis	pediste	pedisteis	seguiste	seguisteis
repitió	repitieron	pidió (!)	pidieron (!)	siguió (!)	siguieron (!)

Indicative Pluperfect / Pluscuamperfecto de indicativo: I had followed, you had followed, etc. *[indicative imperfect of the verb "haber" + past participle of the respective verb (repetido etc.); rarely used]*

había repetido	habíamos repetido	había pedido	habíamos pedido	había seguido	habíamos seguido
habías repetido	habíais repetido	habías pedido	habíais pedido	habías seguido	habíais seguido
había repetido	habían repetido	había pedido	habían pedido	había seguido	habían seguido

Indicative Future I / Futuro de indicativo: I will follow, you will follow, etc.
(Attach the future endings to the infinitive (not: infinitive stem!))

repetiré	repetiremos	pediré	pediremos	seguiré	seguiremos
repetirás	repetiréis	pedirás	pediréis	seguirás	seguiréis
repetirá	repetirán	pedirá	pedirán	seguirá	seguirán

Indicative Future II / Futuro perfecto de indicativo: I will have followed, you will have followed, etc. *[Indicative future I of the verb "haber" + past participle of the respective verb (repetido etc.)]*

habré repetido	habremos repetido	habré pedido	habremos pedido	habré seguido	habremos seguido
habrás repetido	habréis repetido	habrás pedido	habréis pedido	habrás seguido	habréis seguido
habrá repetido	habrán repetido	habrá pedido	habrán pedido	habrá seguido	habrán seguido

Indicative Conditional I / Condicional I: I would follow, you would follow, etc.
(Attach the conditional endings to the infinitive as with the future tense)

repetiría	repetiríamos	pediría	pediríamos	seguiría	seguiríamos
repetirías	repetiríais	pedirías	pediríais	seguirías	seguiríais
repetiría	repetirían	pediría	pedirían	seguiría	seguirían

Subjunctive Present / Presente de subjuntivo: (that) I follow, (that) you follow, etc.
(Attach the subjunctive endings to the stem of the first person singular of the present indicative. For the i-verbs, the -i changes to -a)

repita (!)	repitamos	pida (!)	pidamos	siga (!)	sigamos
repitas	repitáis	pidas	pidáis	sigas	sigáis
repita	repitan	pida	pidan	siga	sigan

Subjunctive Past Tense / Imperfecto de subjuntivo: (that) I followed, (that) you followed, etc. *(Adding the endings to the stem of the third person plural of the indefinido)*

repitiera (!) (or: repitiese)	repitiéramos (or: repitiésemos)	pidiera (!) (or: pidiese)	pidiéramos (or: pidiésemos)	siguiera (!) (or: siguiese)	siguiéramos (or: siguiésemos)
repitieras (or: repitieses)	repitierais (or: repitieseis)	pidieras (or: pidieses)	pidierais (or: pidieseis)	siguieras (or: siguieses)	siguierais (or: siguieseis)
repitiera (or: repitiese)	repitieran (or: repitiesen)	pidiera (or: pidiese)	pidieran (or: pidiesen)	siguiera (or: siguiese)	siguieran (or: siguiesen)

Subjunctive Pluperfect / Pluscuamperfecto de subjuntivo: (that) I had followed, (that) you had followed, etc. *[Attach the endings to the stem of the third person plural of the indefinido of the verb "haber" + past participle of the verb in question (repetido etc.)]*

hubiera (or: hubiese) repetido	hubiéramos (or: hubiésemos) repetido	hubiera (or: hubiese) pedido	hubiéramos (or: hubiésemos) pedido	hubiera (or: hubiese) seguido	hubiéramos (or: hubiésemos) seguido
hubieras (or: hubieses) repetido	hubierais (or: hubieseis) repetido	hubieras (or: hubieses) pedido	hubierais (or: hubieseis) pedido	hubieras (or: hubieses) seguido	hubierais (or: hubieseis) seguido
hubiera (or: hubiese) repetido	hubieran (or: hubiesen) repetido	hubiera (or: hubiese) pedido	hubieran (or: hubiesen) pedido	hubiera (or: hubiese) seguido	hubieran (or: hubiesen) seguido

Affirmative Imperative / Imperativo affirmativo: follow!, let's follow!, etc.
(For the forms of address "we" and "you" use the subjunctive mood)

----	¡repitamos!	----	¡pidamos!	----	¡sigamos!
¡repite! (!)	¡repetid!	¡pide! (!)	¡pedid! (!)	¡sigue! (!)	¡seguid!
¡repita! (usted)	¡repitan! (ustedes)	¡pida! (usted)	¡pidan! (ustedes)	¡siga! (usted) (!)	¡sigan! (ustedes)

Negative Imperative / Imperativo negativo: don't follow, let's not follow, etc. *(For all forms of address, use the subjunctive mood)*

----	¡no repitamos!	----	¡no pidamos!	----	¡no sigamos!
¡no repitas! (!)	¡no repitáis!	¡no pidas!	¡no pidáis!	¡no sigas! (!)	¡no sigáis!
¡no repita! (usted)	¡no repitan! (ustedes)	¡no pida! (usted)	¡no pidan! (ustedes)	¡no siga! (usted)	¡no sigan! (ustedes)

Gerund / Gerundio: repetitive, requesting, following

repitiendo	pidiendo (!)	siguiendo (!)

Past Participle, masculine *(-o, -os)* or feminine *(-a, -as)* / Participio Perfecto: masculino o feminino

repetido	repetidos	pedido	pedidos	seguido	seguidos
repetida	repetidas	pedida	pedidas	seguida	seguidas

9.9.3 Type preferir, sentir, venir

Indicative Present / Presente de indicativo: I prefer, you prefer, etc. *(Attach the present tense endings to the infinitive stem)*

preferir (3 b; prefer)		sentir (3 b; feel)		venir (3 b; come)	
prefiero (!)	preferimos (!)	siento (!)	sentimos (!)	vengo	venimos (!)
prefieres	preferís	sientes	sentís	vienes	venís
prefiere	prefieren (!)	siente	sienten	viene	vienen

Indicative Present Perfect / Pasado perfecto de indicativo: I have preferred, you have preferred, etc. *[Present indicative of the verb "haber" + past participle of the respective verb (preferido etc.)]*

he preferido	hemos preferido	he sentido	hemos sentido	he venido	hemos venido
has preferido	habéis preferido	has sentido	habéis sentido	has venido	habéis venido
ha preferido	han preferido	ha sentido	han sentido	ha venido	han vendio

Indicative Past Tense / Pasado imperfecto de indicativo: I came, you came, etc. (see also indefinido!) *(Attach the imperfect endings to the infinitive stem)*

prefería	preferíamos	sentía	sentíamos	venía	veníamos
preferías	preferíais	sentías	sentíais	venías	veníais
prefería	preferían	sentía	sentían	venía	venían

Indicative Indefinido / Pasado indefinido de indicativo: I came, you came, etc. (see also Imperfecto!) *(Attach the indefinite endings to the infinitive stem)*

preferí	preferimos	sentí	sentimos	vine (!)	vinimos (!)
preferiste	preferisteis	sentiste	sentisteis	viniste	vinisteis
prefirió (!)	prefirieron (!)	sintió (!)	sintieron (!)	vino (!)	vinieron

Indicative Pluperfect / Pluscuamperfecto de indicativo: I had felt, you had felt, etc. *[indicative imperfect of the verb "haber" + past participle of the respective verb (preferido etc.); rarely used]*

había preferido	habíamos preferido	había sentido	habíamos sentido	había venido	habíamos venido
habías preferido	habíais preferido	habías sentido	habíais sentido	habías venido	habíais venido

había preferido	habían preferido	había sentido	habían sentido	había venido	habían venido

Indicative Future I / Futuro de indicativo: I will come, you will come, etc.
(Attach the future endings to the infinitive (not: infinitive stem!))

preferiré	preferiremos	sentiré	sentiremos	vendré (!)	vendremos
preferirás	preferiréis	sentirás	sentiréis	vendrás	vendréis
preferirá	preferirán	sentirá	sentirán	vendrá	vendrán

Indicative Future II / Futuro perfecto de indicativo: I will have felt, you will have felt, etc.
[Indicative future I of the verb "haber" + past participle of the respective verb (preferido etc.)]

habré preferido	habremos preferido	habré sentido	habremos sentido	habré venido	habremos venido
habrás preferido	habréis preferido	habrás sentido	habréis sentido	habrás venido	habréis venido
habrá preferido	habrán preferido	habrá sentido	habrán sentido	habrá venido	habrán venido

Indicative Conditional I / Condicional I: I would come, you would come, etc.
(Attach the conditional endings to the infinitive as with the future tense)

preferiría	preferiríamos	sentiría	sentiríamos	vendría (!)	vendríamos
preferirías	preferiríais	sentirías	sentiríais	vendrías	vendríais
preferiría	preferirían	sentiría	sentirían	vendría	vendrían

Subjunctive Present / Presente de subjuntivo: (that) I prefer, (that) you prefer, etc.
(Attach the subjunctive endings to the stem of the first person singular of the present indicative. For the i-verbs, the -i changes to -a)

prefiera (!)	prefiramos (!)	sienta (!)	sintamos (!)	venga (!)	vengamos
prefieras	prefiráis	sientas	sintáis	vengas	vengáis
prefiera	prefieran (!)	sienta	sientan (!)	venga	vengan

Subjunctive Past Tense / Imperfecto de subjuntivo: (that) I preferred, (that) you preferred, etc. *(Adding the endings to the stem of the third person plural of the indefinido)*

prefiriera (!) (or: prefiriese)	prefiriéramos (or: prefiriésemos)	sintiera (!) (or: sintiese)	sintiéramos (or: sintiésemos)	viniera (!) (or: viniese)	viniéramos (or: viniésemos)

prefirieras (or: prefirieses)	prefirierais (or: prefirieseis)	sintieras (or: sintieses)	sintierais (or: sintieseis)	vinieras (or: vinieses)	vinierais (or: vinieseis)
prefiriera (or: prefiriese)	prefirieran (or: prefiriesen)	sintiera (or: sintiese)	sintieran (or: sintiesen)	viniera (or: viniese)	vinieran (or: viniesen)

Subjunctive Pluperfect / Pluscuamperfecto de subjuntivo: (that) I had preferred, (that) you had preferred, etc. *[Attach the endings to the stem of the third person plural of the indefinido of the verb "haber" + past participle of the verb in question (preferido etc.)]*

hubiera (or: hubiese) preferido	hubiéramos (or: hubiésemos) preferido	hubiera (or: hubiese) sentido	hubiéramos (or: hubiésemos) sentido	hubiera (or: hubiese) venido	hubiéramos (or: hubiésemos) venido
hubieras (or: hubieses) preferido	hubierais (or: hubieseis) preferido	hubieras (or: hubieses) sentido	hubierais (or: hubieseis) sentido	hubieras (or: hubieses) venido	hubierais (or: hubieseis) venido
hubiera (or: hubiese) preferido	hubieran (or: hubiesen) preferido	hubiera (or: hubiese) sentido	hubieran (or: hubiesen) sentido	hubiera (or: hubiese) venido	hubieran (or: hubiesen) venido

Affirmative Imperative / Imperativo affirmativo: come!, let's come!, etc. *(For the forms of address "we" and "you" use the subjunctive mood)*

----	¡prefiramos! (!)	----	¡sintamos! (!)	----	¡vengamos!
¡prefiere! (!)	¡preferid!	¡siente! (!)	¡sentid! (!)	¡ven!	¡venid!
¡ prefiera! (usted)	¡ prefieran! (ustedes)	¡sienta! (usted)	¡ sientan! (ustedes) (!)	¡venga! (usted) (!)	¡vengan! (ustedes)

Negative Imperative / Imperativo negativo: don't come!, let's not come!, etc. *(For all forms of address, use the subjunctive mood)*

----	¡no prefiramos!	----	¡no sintamos!	----	¡no vengamos!
¡no prefieras!	¡no prefiráis!	¡no sientas!	¡no sintáis!	¡no vengas! (!)	¡no vengáis!
¡no prefiera! (usted)	¡no prefieran! (ustedes)	¡no sienta! (usted)	¡no sientan! (ustedes)	¡no venga! (usted)	¡no vengan! (ustedes)

Gerund / Gerundio: preferring, feeling, coming

prefiriendo (!)		sintiendo (!)		viniendo (!)	
Past Participle, masculine *(-o, -os)* or feminine *(-a, -as)* / Participio Perfecto: masculino o feminino					
preferido	preferidos	sentido	sentidos	venido	venidos
preferida	preferidas	sentida	sentidas	venida	venidas

9.9.4 Type dormir, morir, ir

Indicative Present / Presente de indicativo: I go, you go, etc. *(Attach the present tense endings to the infinitive stem)*					
dormir (3 c; sleep)		morir (3 c; die)		ir (3 d; go)	
duermo (!)	dormimos	muero (!)	morimos	voy (!)	vamos (!)
duermes	dormís	mueres	morís	vas	vais
duerme	duermen	muere	mueren	va	van
Indicative Present Perfect / Pasado perfecto de indicativo: I have gone, you have gone, etc. *[Present indicative of the verb "haber" + past participle of the respective verb (dormido etc.)]*					
he dormido	hemos dormido	he muerto (!)	hemos muerto	he ido	hemos ido
has dormido	habéis dormido	has muerto	habéis muerto	has ido	habéis ido
ha dormido	han dormido	ha muerto	han muerto	ha ido	han ido
Indicative Past Tense / Pasado imperfecto de indicativo: I went, you went, etc. (see also indefinido!) *(Attach the imperfect endings to the infinitive stem)*					
dormía	dormíamos	moría	moríamos	iba (!)	íbamos (!)
dormías	dormíais	morías	moríais	ibas	ibais
dormía	dormían	moría	morían	iba	iban
Indicative Indefinido / Pasado indefinido de indicativo: I went, you went etc. (see also Imperfecto!) *(Attach the indefinite endings to the infinitive stem)*					

dormí	dormimos	morí	morimos	fui (!)	fuimos
dormiste	dormisteis	moriste	moristeis	fuiste	fuisteis
durmió (!)	durmieron	murió (!)	murieron (!)	fue (!)	fueron

Indicative Pluperfect / Pluscuamperfecto de indicativo: I had gone, you had gone, etc.
[indicative imperfect of the verb "haber" + past participle of the respective verb (dormido etc.); rarely used]

había dormido	habíamos dormido	había muerto	habíamos muerto	había ido	habíamos ido
habías dormido	habíais dormido	habías muerto	habíais muerto	habías ido	habíais ido
había dormido	habían dormido	había muerto	habían muerto	había ido	habían ido

Indicative Future I / Futuro de indicativo: I will sleep, you will sleep, etc.
(Attach the future endings to the infinitive (not: infinitive stem!))

dormiré	dormiremos	moriré	moriremos	iré	iremos
dormirás	dormiréis	morirás	moriréis	irás	iréis
dormirá	dormirán	morirá	morirán	irá	irán

Indicative Future II / Futuro perfecto de indicativo: I will have gone, you will have gone etc. *[indicative future I of the verb "haber" + past participle of the respective verb (dormido etc.)]*

habré dormido	habremos dormido	habré muerto	habremos muerto	habré ido	habremos ido
habrás dormido	habréis dormido	habrás muerto	habréis muerto	habrás Ido	habréis ido
habrá dormido	habrán dormido	habrá muerto	habrán muerto	habrá ido	habrán ido

Indicative Conditional I / Condicional I: I would go, you would go, etc.
(Attach the conditional endings to the infinitive as with the future tense)

dormiría	dormiríamos	moriría	moriríamos	iría	iríamos
dormirías	dormiríais	morirías	moriríais	irías	iríais
dormiría	dormirían	moriría	morirían	iría	irían

Subjunctive Present / Presente de subjuntivo: (that) I go, (that) you go, etc.
(Attach the subjunctive endings to the stem of the first person singular of the present indicative. For the i-verbs, the -i changes to -a)

duerma (!)	durmamos (!)	muera (!)	muramos (!)	vaya (!)	vayamos
duermas	durmáis	mueras	muráis	vayas	vayáis
duerma	duerman (!)	muera	mueran (!)	vaya	vayan

Subjunctive Past Tense / Imperfecto de subjuntivo: (that) I went, (that) you went, etc.
(Adding the endings to the stem of the third person plural of the indefinido)

durmiera (!) (or: durmiese)	durmiéramos (or: durmiésemos)	muriera (!) (or: muriese)	muriéramos (or: muriésemos)	fuera (!) (or: fuese)	fuéramos (or: fuésemos)
durmieras (or: durmieses)	durmierais (or: durmieseis)	murieras (or: murieses)	murierais (or: murieseis)	fueras (or: fueses)	fuerais (or: fueseis)
durmiera (or: durmiese)	durmieran (or: durmiesen)	muriera (or: muriese)	murieran (or: muriesen)	fuera (or: fuese)	fueran (or: fuesen)

Subjunctive Pluperfect / Pluscuamperfecto de subjuntivo: (that) I had gone, (that) you had gone, etc.
[Attach the endings to the stem of the third person plural of the indefinido of the verb "haber" + past participle of the verb in question (dormido etc.)]

hubiera (or: hubiese) dormido	hubiéramos (or: hubiésemos) dormido	hubiera (or: hubiese) muerto	hubiéramos (or: hubiésemos) muerto	hubiera (or: hubiese) ido	hubiéramos (or: hubiésemos) ido
hubieras (or: hubieses) dormido	hubierais (or: hubieseis) dormido	hubieras (or: hubieses) muerto	hubierais (or: hubieseis) muerto	hubieras (or: hubieses) ido	hubierais (or: hubieseis) ido
hubiera (or: hubiese) dormido	hubieran (or: hubiesen) dormido	hubiera (or: hubiese) muerto	hubieran (or: hubiesen) muerto	hubiera (or: hubiese) ido	hubieran (or: hubiesen) ido

Affirmative Imperative / Imperativo affirmativo: go!, let's go!, etc.
(For the forms of address "we" and "you" use the subjunctive mood)

----	¡durmamos! (!)	----	¡muramos! (!)	----	¡vayamos!
¡duerme! (!)	¡dormid!	¡muere! (!)	¡morid! (!)	¡ve!	¡id!

¡duerma! (usted)	¡duerman! (ustedes)	¡muera! (usted)	¡mueran! (ustedes)	¡vaya! (usted) (!)	¡vayan! (ustedes)

Negative Imperative / Imperativo negativo: don't go!, let's not go!, etc. *(For all forms of address, use the subjunctive mood)*

----	¡no durmamos!	----	¡no muramos!	----	¡no vayamos!
¡no duermas! (!)	¡no durmáis!	¡no mueras!	¡no muráis!	¡no vayas! (!)	¡no vayáis!
¡no duerma! (usted)	¡no duerman! (ustedes)	¡no muera! (usted)	¡no mueran! (ustedes)	¡no vaya! (usted)	¡no vayan! (ustedes)

Gerundium / Gerundio: sleeping, dying, walking

durmiendo (!)		muriendo (!)		yendo (!)	

Past Participle, masculine *(-o, -os)* or feminine *(-a, -as)* / Participio Perfecto: masculino o feminino

dormido	dormidos	muerto	muertos	ido	idos
dormida	dormidas	muerta	muertas	ida	idas

9.9.5 Type reír, salir, decir

Indicative Present / Presente de indicativo: I say, you say, etc. *(Attach the present tense endings to the infinitive stem)*

salir (3 e; to go out of, to leave)		reír (3 f; laugh)		decir (3 g; say)	
salgo (!)	salimos	río (!)	reímos (!)	digo (!)	decimos
sales	salís	ríes	reís	dices	decís
sale	salen	ríe	ríen (!)	dice	dicen (!)

Indicative Present Perfect / Pasado perfecto de indicativo: I have said, you have said, etc. *[Present indicative of the verb "haber" + past participle of the respective verb (salido etc.)]*

he salido	hemos salido	he reído (!)	hemos reído	he dicho	hemos dicho
has salido	habéis salido	has reído	habéis reído	has dicho	habéis dicho
ha salido	han salido	ha reído	han reído	ha dicho	han dicho

Indicative Past Tense / Pasado imperfecto de indicativo: I said, you said, etc. (see also indefinido!) *(Attach the imperfect endings to the infinitive stem)*

salía	salíamos	reía	reíamos	decía	decíamos
salías	salíais	reías	reíais	decías	decíais
salía	salían	reía	reían	decía	decían

Indicative Indefinido / Pasado indefinido de indicativo: I said, you said, etc. (see also Imperfecto!) *(Attach the indefinite endings to the infinitive stem)*

salí	salimos	reí	reímos	dije (!)	dijimos
saliste	salisteis	ríste	reisteis	dijiste	dijisteis
salió	salieron	rió (!)	rieron (!)	dijo (!)	dijeron

Indicative Pluperfect / Pluscuamperfecto de indicativo: I had said, you had said, etc. *[indicative imperfect of the verb "haber" + past participle of the respective verb (salido etc.); rarely used]*

había salido	habíamos salido	había reído	habíamos reído	había dicho	habíamos dicho
habías salido	habíais salido	habías reído	habíais reído	habías dicho	habíais dicho
había salido	habían salido	había reído	habían reído	había dicho	habían dicho

Indicative Future I / Futuro de indicativo: I will say, you will say, etc. *(Attach the future endings to the infinitive (not: infinitive stem!))*

saldré (!)	saldremos	reiré	reiremos	diré (!)	diremos
saldrás	saldréis	reirás	reiréis	dirás	diréis
saldrá	saldrán	reirá	reirán	dirá	dirán

Indicative Future II / Futuro perfecto de indicativo: I will have said, you will have said, etc. *[indicative future I of the verb "haber" + past participle of the respective verb (salido etc.)]*

habré salido	habremos salido	habré reído	habremos reído	habré dicho	habremos dicho
habrás salido	habréis salido	habrás reído	habréis reído	habrás dicho	habréis dicho
habrá salido	habrán salido	habrá reído	habrán reído	habrá dicho	habrán dicho

Indicative Conditional I / Condicional I: I would say, you would say, etc.
(Attach the conditional endings to the infinitive as with the future tense)

saldría	saldríamos	reiría	reiríamos	diría (!)	diríamos
saldrías	saldríais	reirías	reiríais	dirías	diríais
saldría	saldrían	reiría	reirían	diría	dirían

Subjunctive Present / Presente de subjuntivo: (that) I say, (that) you say, etc.
(Attach the subjunctive endings to the stem of the first person singular of the present indicative. For the i-verbs, the –i changes to -a)

salga (!)	salgamos	ría (!)	riamos (!)	diga	digamos
salgas	salgáis	rías	riáis	digas	digáis
salga	salgan	ría	rían (!)	diga	digan

Subjunctive Past Tense / Imperfecto de subjuntivo: (that) I said, (that) you said, etc.
(Adding the endings to the stem of the third person plural of the indefinido)

saliera (or: saliese)	saliéramos (or: saliésemos)	riera (!) (or: riese)	riéramos (or: riésemos)	dijera (or: dijese)	dijéramos (or: dijésemos)
salieras (or: salieses)	salierais (or: salieseis)	rieras (or: rieses)	rierais (or: rieseis)	dijeras (or: dijeses)	dijerais (or: dijeseis)
saliera (or: saliese)	salieran (or: saliesen)	riera (or: riese)	rieran (or: riesen)	dijera (or: dijese)	dijeran (or:dijesen)

Subjunctive Pluperfect / Pluscuamperfecto de subjuntivo: (that) I had said, (that) you had said, etc. *[Attach the endings to the stem of the third person plural of the indefinido of the verb "haber" + past participle of the verb in question (salido etc.)]*

hubiera (or: hubiese) salido	hubiéramos (or: hubiésemos) salido	hubiera (or: hubiese) reído	hubiéramos (or: hubiésemos) reído	hubiera (or: hubiese) dicho	hubiéramos (or: hubiésemos) dicho
hubieras (or: hubieses) salido	hubierais (or: hubieseis) salido	hubieras (or: hubieses) reído	hubierais (or: hubieseis) reído	hubieras (or: hubieses) dicho	hubierais (or: hubieseis) dicho
hubiera (or: hubiese) salido	hubieran (or: hubiesen) salido	hubiera	hubieran (or: hubiesen) reído	hubiera (or: hubiese) dicho	hubieran (or: hubiesen) dicho

		(or: hubiese) reído			

Affirmative Imperative / Imperativo affirmativo: say!, let's say!, etc.
(For the forms of address "we" and "you" use the subjunctive mood)

----	¡salgamos!	----	¡riamos! (!)	----	¡digamos!
¡salí!	¡salid!	¡ríe!	¡reíd! (!)	¡di!	¡decid!
¡salga! (usted) (!)	¡salgan! (ustedes)	¡ría! (usted)	¡rían! (ustedes) (!)	¡diga! (usted) (!)	¡digan! (ustedes)

Negative Imperative / Imperativo negativo: don't say, let's not say, etc. *(For all forms of address, use the subjunctive mood)*

----	¡no salgamos!	----	¡no riamos!	----	¡no digamos!
¡no salgas!	¡no salgáis!	¡no rías!	¡no riáis!	¡no digas! (!)	¡no digáis!
¡no salga! (usted)	¡no salgan! (ustedes)	¡no ría! (usted)	¡no rían! (ustedes)	¡no diga! (usted)	¡no digan! (ustedes)

Gerund / Gerundio: going out, laughing, saying

saliendo	riendo (!)	diciendo (!)

Past Participle, masculine *(-o, -os)* or feminine *(-a, -as)* / Participio Perfecto: masculino o feminino:

salido	salidos	reído	reídos	dicho (!)	dichos
salida	salidas	reída	reídas	dicha	dichas

9.9.6 Type construir, conducir, oír

Indicative Present / Presente de indicativo: I hear, you hear, etc. *(Attach the present tense endings to the infinitive stem)*

conducir (3 h; to drive)		construir (3 i; to build)		oír (3 y; listen)	
conduzco (!)	conducimos	construyo (!)	construimos	oigo (!)	oímos (!)
conduces	conducís	construyes	construís	oyes (!)	oís
conduce	conducen	construye	construyen	oye	oyen

Indicative Present Perfect / Pasado perfecto de indicativo: I have heard, you have heard, etc. *[Present indicative of the verb "haber" + past participle of the respective verb (conducido etc.)]*

he conducido	hemos conducido	he construido	hemos construido	he oído	hemos oído
has conducido	habéis conducido	has construido	habéis construido	has oído	habéis oído
ha conducido	han conducido	ha construido	han construido	ha oído	han oído

Indicative Past Tense / Pasado imperfecto de indicativo: I heard, you heard, etc. (see also indefinido!) *(Attach the imperfect endings to the infinitive stem)*

conducía	conducíamos	construía	construíamos	oía	oíamos
conducías	conducíais	construías	construíais	oías	oíais
conducía	conducían	construía	construían	oía	oían

Indicative Indefinido / Pasado indefinido de indicativo: I heard, you heard, etc. (see also Imperfecto!) *(Attach the indefinite endings to the infinitive stem)*

conduje (!)	condujimos	construí	construimos	oí	oímos (!)
condujiste	condujisteis	construiste	construisteis	oíste (!)	ice cream
condujo (!)	condujeron (!)	construyó (!)	construyeron (!)	oyó (!)	oyeron (!)

Indicative past perfect / pluscuamperfecto de indicativo: I had heard, you had heard, etc. *[indicative imperfect of the verb "haber" + past participle of the respective verb (conducido etc.); rarely used]*

había conducido	habíamos conducido	había construido	habíamos construido	había oído	habíamos oído
habías conducido	habíais conducido	habías construido	habíais construido	habías oído	habíais oído
había conducido	habían conducido	había construido	habían construido	había oído	habían oído

Indicative Future I / Futuro de indicativo: I will hear, you will hear, etc. *(Attach the future endings to the infinitive (not: infinitive stem!))*

conduciré	conduciremos	construiré	construiremos	oiré	oiremos
conducirás	conduciréis	construirás	construiréis	oirás	oiréis
conducirá	conducirán	construirá	construirán	oirá	oirán

Indicative Future II / Futuro de indicativo: I will have heard, you will have heard, etc
[Indicative future I of the verb "haber" + past participle of the respective verb (conducido etc.)]

habré conducido	habremos conducido	habré construido	habremos construido	habré oído	habremos oído
habrás conducido	habréis conducido	habrás construido	habréis construido	habrás oído	habréis oído
habrá conducido	habrán conducido	habrá construido	habrán construido	habrá oído	habrán oído

Indicative Conditional I / Condicional I: I would hear, you would hear, etc.
(Attach the conditional endings to the infinitive as with the future tense)

conduciría	conduciríamos	construiría	construiríamos	oiría	oiríamos
conducirías	conduciríais	construirías	construiríais	oirías	oiríais
conduciría	conducirían	construiría	construirían	oiría	oirían

Subjunctive Present / Presente de subjuntivo: (that) I hear, (that) you hear, etc.
(Attach the subjunctive endings to the stem of the first person singular of the present indicative. For the i-verbs, the –i changes to -a)

conduzca (!)	conduzcamos	construya	construyamos	oiga (!)	oigamos
conduzcas	conduzcáis	construyas	construyáis	oigas	oigáis
conduzca	conduzcan	construya	construyan	oiga	oigan

Subjunctive Past Tense / Imperfecto de subjuntivo: (that) I heard, (that) you heard, etc.
(Adding the endings to the stem of the third person plural of the indefinido)

condujera (!) (or: condujese)	condujéramos (or: condujésemos)	construyera (!) (or: construyese)	construyéramos (or: construyésemos)	oyera (or: oyese)	oyéramos (or: oyésemos)
condujeras (or: condujeses)	condujerais (or: condujeseis)	construyeras (or: construyeses)	construyerais (or: construyeseis)	oyeras (or: oyeses)	oyerais (or: oyeseis)
condujera (or: condujese)	condujeran (or: condujesen)	construyera (or: construyese)	construyeran (or: construyesen)	oyera (or: oyese)	oyeran (or: oyesen)

Subjunctive Pluperfect / Pluscuampierfecto de subjuntivo: (that) I had heard, (that) you had heard etc.
[Attach the endings to the stem of the third person plural of the indefinido of the verb "haber" + past participle of the verb in question (conducido etc.)]

hubiera (or: hubiese) conducido	hubiéramos (or: hubiésemos) conducido	hubiera (or: hubiese) construido	hubiéramos (or: hubiésemos) construido	hubiera (or: hubiese) oído	hubiéramos (or: hubiésemos) oído
hubieras (or: hubieses) conducido	hubierais (or: hubieseis) conducido	hubieras (or: hubieses) construido	hubierais (or: hubieseis) construido	hubieras (or: hubieses) oído	hubierais (or: hubieseis) oído
hubiera (or: hubiese) conducido	hubieran (or: hubiesen) conducido	hubiera (or: hubiese) construido	hubieran (or: hubiesen) construido	hubiera (or: hubiese) oído	hubieran (or: hubiesen) oído

Affirmative Imperative / Imperativo affirmativo: drive, let's drive, etc.
(For the forms of address "we" and "you" use the subjunctive mood)

----	¡conduzcamos!	----	¡construyamos!	----	¡oigamos!
¡conduce!	¡conducid!	¡construye! (!)	¡construid! (!)	¡oye!	¡oíd!
¡conduzca! (usted) (!)	¡conduzcan! (ustedes)	¡construya! (usted)	¡construyan! (ustedes)	¡oiga! (usted) (!)	¡oigan! (ustedes)

Negative Imperative / Imperativo negativo: don't listen, let's not listen, etc. *(For all forms of address, use the subjunctive mood)*

----	¡no conduzcamos!	----	¡no construyamos!	----	¡no oigamos!
¡no conduzcas!	¡no conduzcáis!	¡no construyas!	¡no construyáis!	¡no oigas! (!)	¡no oigáis!
¡no conduzca! (usted) (!)	¡no conduzcan! (ustedes)	¡no construya! (usted)	¡no construyan! (ustedes)	¡no oiga! (usted)	¡no oigan! (ustedes)

Gerundium / Gerundio: driving, building, hearing

conduciendo	construyendo (!)	oyendo (!)

Past Participle, masculine (-o, -os) or feminine (-a, -as) / Participio Perfecto: masculino o feminino

conducido	conducidos	construido	construidos	oído	oídos
conducida	conducidas	construida	construidas	oída	oídas

9.9.7 Type elegir, erguir, argüir

Indicative Present / Presente de indicativo: I choose, you choose, etc.
(Attach the present tense endings to the infinitive stem)

elegir (3 k; select, choose)		erguir (3 l; lift, raise)		argüir (3 m; argue)	
elijo (!)	elegimos	yergo (!)	erguimos	arguyo	argüimos
eliges	elegís	yergues	erguís	arguyes	argüís
elige	eligen	yergue	yerguen	arguye	arguyen

Indicative Present Perfect / Pasado perfecto de indicativo: I have chosen, you have chosen, etc. *[Present indicative of the verb "haber" + past participle of the respective verb (elegido etc.)]*

he elegido	hemos elegido	he erguido	hemos erguido	he argüido	hemos argüido
has elegido	habéis elegido	has erguido	habéis erguido	has argüido	habéis argüido
ha elegido	han elegido	ha erguido	han erguido	ha argüido	han argüido

Indicative Past Tense / Pasado imperfecto de indicativo: I raised, you raised, etc. (see also indefinido!) *(Attach the imperfect endings to the infinitive stem)*

elegía	elegíamos	erguía	erguíamos	argüía	argüíamos
elegías	elegíais	erguías	erguíais	argüías	argüíais
elegía	elegían	ereguía	Erguían	argüía	argüían

Indicative Indefinido / Pasado indefinido de indicativo: I raised, you raised, etc. (see also Imperfecto!) *(Attach the indefinite endings to the infinitive stem)*

elegí	elegimos	erguí	erguimos	argüí	argüimos
elegiste	elegisteis	erguíste	erguisteis	argüiste	argüisteis
eligió	eligieron	irguió (!)	irguieron (!)	argüyó (!)	argüyeron

Indicative Pluperfect / Pluscuamperfecto de indicativo: I had selected, you had selected, etc. *[indicative imperfect of the verb "haber" + past participle of the respective verb (elegido etc.); rarely used]*

había elegido	habíamos elegido	había erguido	habíamos erguido	había argüido	habíamos argüido
habías elegido	habíais elegido	habías erguido	habíais erguido	habías argüido	habíais argüido

había elegido	habían elegido	había erguido	habían erguido	había argüido	habían argüido

Indicative Future I / Futuro de indicativo: I will argue, you will argue, etc.
(Attach the future endings to the infinitive (not: infinitive stem!))

elegiré	elegiremos	erguiré	erguiremos	argüiré	argüiremos
elegirás	elegiréis	erguirás	erguiréis	argüirás	argüiréis
elegirá	elegirán	erguirá	erguirán	argüirá	argüirán

Indicative Future II / Futuro perfecto de indicativo: I will have selected, you will have selected, etc. *[indicative future I of the verb "haber" + past participle of the respective verb (eligido etc.)]*

habré elegido	habremos elegido	habré erguido	habremos erguido	habré argüido	habremos argüido
habrás elegido	habréis elegido	habrás erguido	habréis erguido	habrás argüido	habréis argüido
habrá elegido	habrán elegido	habrá erguido	habrán erguido	habrá argüido	habrán argüido

Indicative Conditional I / Condicional I: I would argue, you would argue, etc
(Attach the conditional endings to the infinitive as with the future tense)

elegiría	elegiríamos	erguiría	erguiríamos	argüiría	argüiríamos
elegirías	elegiríais	erguirías	erguiríais	argüirías	argüiríais
elegiría	elegirían	erguiría	erguirían	argüiría	argüirían

Subjunctive Present / Presente de subjuntivo, (that) I select, (that) you choose, etc.
(Attach the subjunctive endings to the stem of the first person singular of the present indicative. For the i-verbs, the -i changes to -a)

elija	elijamos	yerga	yergamos	arguya	arguyamos
elijas	elijáis	yergas	yergáis	arguyas	arguyáis
elija	elijan	yerga	yergan	arguya	arguyan

Imperfect Subjunctive Past Tense / Imperfecto de subjuntivo: (that) I selected, (that) you selected, etc. *(Adding the endings to the stem of the third person plural of the indefinido)*

eligiera (or: eligiese)	eligiéramos (or: eligiésemos)	irguiera (!) (or: irguiese)	irguiéramos (or: irguiésemos)	arguyera (or: arguyese)	arguyéramos (or: arguyésemos)

eligieras (or: eligieses)	eligierais (or: eligieseis)	irguieras (o.: irguieses)	irguierais (or: irguieseis)	arguyeras (or: arguyeses)	arguyerais (or: arguyeseis)
eligiera (above: eligiese)	eligieran (o.: eligiesen)	irguiera (or: irguiese)	irguieran (or: irguiesen)	arguyera (or: arguyese)	arguyeran (or: arguyesen)

Subjunctive Pluperfect / Pluscuamperfecto de subjuntivo: (that) I had selected, (that) you had chosen, etc. *[Attach the endings to the stem of the third person plural of the indefinido of the verb "haber" + past participle of the verb in question (eligido etc.)]*

hubiera (or: hubiese) elegido	hubiéramos (or: hubiésemos) elegido	hubiera (or: hubiese) erguido	hubiéramos (or: hubiésemos) erguido	hubiera (or: hubiese) argüido	hubiéramos (or: hubiésemos) argüido
hubieras (or: hubieses) elegido	hubierais (or: hubieseis) elegido	hubieras (or: hubieses) erguido	hubierais (or: hubieseis) erguido	hubieras (or: hubieses) argüido	hubierais (or: hubieseis) argüido
hubiera (or: hubiese) elegido	hubieran (or: hubiesen) elegido	hubiera (or: hubiese) erguido	hubieran (or: hubiesen) erguido	hubiera (or: hubiese) argüido	hubieran (or: hubiesen) argüido

Affirmative Imperative / Imperativo affirmativo: choose!, let's choose!, etc.
(For the forms of address "we" and "you" use the subjunctive mood)

----	¡elijamos!	----	¡yergamos!	----	¡arguyamos!
¡elige!	¡elegid!	¡yergue! (!)	¡erguid!	¡arguye!	¡argüid!
¡elija! (usted)	¡elijan! (ustedes)	¡yerga! (usted)	¡yergan! (ustedes)	¡arguya! (usted) (!)	¡arguyan! (ustedes)

Negative Imperative / Imperativo negativo: don't vote!, let's not vote!, etc. *(For all forms of address, use the subjunctive mood)*

----	¡no elijamos!	----	¡no yergamos!	----	¡no arguyamos!
¡no elijas!	¡no elijáis!	¡no yergas!	¡no yergáis!	¡no arguyas!	¡no arguyáis!
¡no elija! (usted)	¡no elijan! (ustedes)	¡no yerga! (usted)	¡no yergan! (ustedes)	¡no arguya! (usted)	¡no arguyan! (ustedes)

Gerund / Gerundio: selecting, raising, arguing

eligiendo	irguiendo (!)	arguyendo

Past Participle, masculine *(-o, -os)* or feminine *(-a, -as)* / Participio Perfecto: masculino o feminino					
elegido	elegidos	erguido	erguidos	argüido	argüidos
elegida	elegidas	erguida	erguidas	argüida	argüidas

10.   Conditional Clauses

There are three types of conditional sentences, with each type requiring a given combination of tenses.

The simplest type is the "**real condition**". This scenario is very likely to occur if the corresponding condition that is considered realizable is fulfilled. The subordinate clause introduced by "si..." states the condition, while the main clause states the possible consequence. The subordinate clause is always in the present indicative, whereas the main clause can also be in the present indicative, but also in the future or imperative:

Si los patos graznan, les damos de comer: If the ducks quack, we feed them.

Si no te levantas ahora, llegarás tarde a la escuela: If you don't get up now, you'll be late for school.

Si no puede usted completar esta tarea, deléguela a un colega por favor: If you cannot complete this task, please delegate it to a colleague.

Si leo un periódico, miro todos los artículos que contiene: If I read a newspaper, I look at all the articles in it.

Si no llueve, jugamos afuera: If it's not raining, we play outside.

The **unreal conditional clause** describes a condition that is not fulfilled in the present. The subordinate clause beginning with "si..." states the imaginary condition that could make the scenario in the main clause possible. The subordinate clause is set in the subjunctive past tense, the main clause in the indicative conditional I:

Si Pablo llegara a la parada a tiempo, aún podría alcanzar el bus: If Pablo got to the bus stop on time, he could still catch the bus.

Si el pintor tuviera permiso, pintaría toda la casa: If the painter had got the permission, he would paint the whole house.

Si aprendieras el español, podrías comunicarte en España: If you learn Spanish, you could communicate in Spain.

Si el oso pudiera, dormiría todo el día: If the bear could do so, he would sleep all day.

The unreal conditional sentence of the past denotes an imaginary condition that has not been fulfilled in the past. The subsequent scenario, which is also located in the past, therefore remains purely speculative. The subordinate clause beginning with "si..." is in the subjunctive pluperfect, the main clause in the indicative conditional II (so-called "compound" conditional).

Si hubieras sido más diligente, habrías aprobado el examen: If you had been more diligent, you would have passed the exam.

Si hubiera llovido durante el invierno, el trigo habría crecido mejor: If it had rained during the winter, the wheat would have grown better.

The order of the main and subordinate clauses is arbitrary in all three categories. If the subordinate clause beginning with "si..." comes before the main clause, a comma is placed between the two clauses. However, if the main clause comes first, no comma is placed.

Si hubieras tenido algo de tiempo, podrías haber dado un paseo: If you'd had some time, you could have gone for a walk.

BUT:

Podrías haber dado un paseo si hubieras tenido algo de tiempo: You could have gone for a walk if you'd had some time.

11.   Passive Voice

The passive voice is formed from the auxiliary verb "ser" and the past participle of the corresponding verb. The author of the action, the subject of the corresponding active sentence, is connected with "por". Examples:

La catedral fue construida por un arquitecto famoso: The cathedral has been built by a famous architect.

El paquete es enviado por mi hijo: The package is sent by my son.

El puente será reparado en cuatro días: The bridge will be repaired within four days.

However, the passive voice is almost only used in written Spanish. In everyday use, it is often avoided by using the reflexive pronoun "se":

El paquete se envia por mi hijo: The package is sent by my son (literally: The package is sent by my son).

El puente se repará en cuatro días: The bridge will be repaired within four days (literally: The bridge will repair itself within four days).

12. Practical Sayings, Phrases, and Proverbs

The first sentences are fixed idioms, followed by proverbs with their corresponding translation into English. These are followed by sentences that are more or less long, but always meaningful and can be modified in various ways in everyday life, allowing you to grasp the structure of Spanish. You will recognize typical constructions that also recur in other sentences.

Se me ha hecho tarde: It's getting late for me.

¿Cómo lo va a saber él? How should he know?

Ya no hay remedio: It is unavoidable.

A lo dicho, hecho: Said and done.

Más vale pájaro en mano que ciento volando: Better a bird in the hand than a pigeon on the roof.

A todos les llega su momento de gloria: Everyone finds his or her moment of happiness.

A donde te quieren mucho no vengas a menudo: The prophet counts for nothing in his own country. Or: Where you are loved a lot, you don't come often.

A tal pregunta tal respuesta: The answer is like the question.

Dar en el clavo: Get to the heart of the matter, hit the nail on its head.

Del dicho a hecho, hay mucho trecho: Easier said than done.

Dime con quien andas y te diré quien eres: Tell me who you're going with, and I'll tell you who you are.

Hacer su agosto: Get your sheep out of the water.

Hacer la vista gorda: Close both eyes.

Pereza, llave de pobreza: No pain, no success. Laziness is the key to poorness.

Saber algo en dedillo: To know something by heart.

Todo lo que va, vuelve: What goes around comes back.

Tengo que ir al dentista porque me duele la muela: I have to go to the dentist because I have a toothache.

¿Puedes llevarme al hotel? Can you drive me to the hotel?

Ahora volamos de Bilbao a Barcelona: We are now flying from Bilbao to Barcelona.

¿Puedes recogerme en el hotel a las nueve? Can you pick me up at the hotel at 9 o'clock?

Buscó su llave hasta que se hizo muy avanzada la noche: He/she searched for his/her key until the night was well advanced.

Empezasteis a llamar a vuestros vecinos: You started calling your neighbors.

Contamos en su ayuda: We are counting on his/her/your help.

Esta colección contiene historias pormenorizadas: This collection contains detailed stories.

Me conviene ir al panadero: It suits me/I prefer to go to the bakery.

Sobre todo pienso que la escuela debe ser equipada mejor: Above all, I think the school needs to be better equipped.

Tienes que ir al hospital inmediatamente. Talvez te rompiste tu brazo izquierdo: You must go to the hospital immediately. You may have broken your left arm.

Me siento junto a la venta: I sit by the window.

Tu asiento está al pasillo: Your seat is at the aisle.

Tienes que mostrar tu pasaporte al aeropuerto: You must show your passport at the airport.

Se precisa de una tarjeta de embarque para entrar en un avión: You need a boarding pass to board an airplane.

Nos recuperamos en una región tranquila: We recover in a quiet region.

Pasaremos nuestras vacaciones en España: We will be spending our next vacation in Spain.

Al carnicero compramos lomo de buey, pues vamos al mercado para escoger verduras: We buy beef tenderloin from the butcher, then go to the market to pick vegetables.

En los alrededores de Valencia hay muchos naranjos: There are lots of orange trees in the outskirts of Valencia.

En el sureste de Mallorca se produce sal marina de salinas: In the southeast of Mallorca, sea salt is extracted from salt pans.

The Moorish gardens of Granada are famous: Los jardines moriscos de Granada son famosos.

Llueve mucho más en Galicia que en el Reino Unido: It rains much more in Galicia than in the United Kingdom.

En Castilla la Vieja, al norte de Madrid, los inviernos son fríos y nevados. In Old Castile, north of Madrid, winters are cold and snowy.

La Cordillera Bética se extiende desde Cádiz en el suroeste hasta casi Valencia al este: The Betic Cordillera stretches from Cádiz in the Southwest almost as far as to Valencia in the East.

El flamenco se baila a menudo en los bares de Sevilla: People often dance flamenco in the bars of Seville.

El hermoso Parque Natural de los Picos de Europa se encuentra cerca de la costa atlántica, y el es también hogar de osos en libertad: The beautiful Picos de Europa Nature Park is located near the Atlantic coast, and it is also home to free-roaming bears.

Venezuela era, al menos estadísticamente, un país rico en la década de 1960: Venezuela was, at least statistically, a prosperous country in the 1960s.

Chile tiene una flora y fauna casi endémica, ya que está aislado por el Océano Pacífico al oeste, por los Andes al este, por el desierto de Atacama al norte y por el Océano Austral y Antártida al sur: Chile has an almost endemic flora and fauna, as it is isolated by the Pacific Ocean to the West, by the Andes to the East, by the Atacama Desert to the North, and by the Southern Ocean and Antarctica to the South.

Muchos alemanes emigraron al Perú en el siglo XIX: Many Germans emigrated to Peru in the 19th century.

Argentina era un país rico en la década de 1920, pero la riqueza no benefició a los pobres: Argentina was a rich country in the 1920s, but the wealth did not benefit the poor.

Costa Rica es un país bonito con una vegetación trópica: Costa Rica is a beautiful country with a tropical vegetation.

Como Panamá es muy estrecho, se puso construir allí el canal famoso para los barcos: Since Panama is very narrow, it was possible to build the famous canal for ships there.

Uruguay ganó dos veces la Mundial del fútbol: Uruguay won the Soccer World Cup twice.

Brasil es el quinto país más grande del mundo con una superficie aproximada de 8,5 millones de kilómetros cuadrados: With an area of approximately 8.5 million kilometers, Brazil is the fifth largest country in the world.

La CDMX (Ciudad de México) es una de las aglomeraciones mayores del mundo con sus más de 20 millones de habitantes: With more than 20 million inhabitants, Mexico City is one of the largest metropolitan areas in the world.

Aterrizamos en el aeropuerto de la ciudad de Bogotá: We land at Bogotá airport.

Ve vd. que el mundo hispanohablante es muy grande: You can see that the Spanish-speaking world is very large.

Sin embargo, en Brasil se habla portugués:. However, Portuguese is spoken in Brazil.

Bienvenidos en Madrid: Welcome to Madrid.

¡Buenos días! Good morning!

¡Buenas tardes! Good afternoon!

¡Buenas noches! Good evening!

¿Cómo estás? How are you doing?

Estoy bien. Estamos bien. No estoy bien: I am fine. We are fine. I am not fine.

¿Cuándo podemos reunirnos? When can we meet?

13. Vocabulary

Here you will find approx. 1800 important Spanish vocabulary words in their alphabetical order, and with their respective translations into English. In the second section, again in alphabetical order, the corresponding English vocabulary follows with its corresponding translations into Spanish. The selection of these 1800 words covers a wide range of everyday vocabulary, which is supplemented considerably by the additional vocabulary given in the grammar section above.

In this respect, you have a very good basis for teaching yourself Spanish!

13.1 Spanish/English

Spanish	English
(in)estable	(in)stable
¡Adiós!	Goodbye!
¡Bienvenidos!	A warm welcome!
¡Buenas noches!	Good night!
¡Buenas tardes!	Good afternoon! (after noon, early evening)
¡Buenos días!	Hello!
¡Buenos días!	Good morning!
¡Cuídate!	Take care of yourself!
¡De nada!	You are welcome!
¡Dígame!	Hello! (on the phone)
¡Encantada / Encantado de conocerte!	Nice to meet you! (female, male speaker)
¡Espera!	Wait!
¡Gracias!	Thank you!
¡Hasta la próxima!	See you next time!
¡Hasta luego!	See you later!
¡Hasta mañana!	See you tomorrow!
¡Hasta pronto!	See you soon!
¡Hola!	Hello!
¡Llámame!	Give me a call!
¡Mira!	Take a look!
¡Mucha suerte!	Good luck!
¡Muchas gracias por su hospitalidad!	Thank you for your hospitality!

¡Muchas gracias!	Thank you very much!
¡Mucho gusto!	Very pleased!
¡Pásalo bien!	Have fun!
¡Por favor!	Please!
¡Que duermas bien!	Sleep well!
¡Qué raro!	How strange!
¿Cómo está?	How are you doing?
¿Cómo estás?	How are you doing?
¿Cómo llego al centro?	How do I get to the center?
¿Cómo te llamas?	What is your name?
¿Con efectivo o con tarjeta?	Cash or by card?
¿Cuánto cuesta esto?	How much is it?
¿Cuánto es?	How much is it?
¿Por qué?	Why?
¿Qué desea?	What do you want?
¿Qué tal?	How are you?
¿Y ahora qué?	And what now?
¿Ya le atienden?	Are you already being served?
8 de cada 10 pacientes quejan de dolor	8 out of 10 patients complain of pain
a	around / at / on
a diario	everyday
a la una	at one o'clock
a las cinco de la tarde	at five o'clock in the afternoon
a las cuatro de la mañana	at four o'clock in the morning
a las siete y cuarto	at a quarter past seven
a las siete y media	at half past seven
a lo mejor	probably / perhaps
a medida que	as long as
a pesar de	despite
a través de	across / through / over
a un cuarto para las siete	at a quarter to seven
a veces	now and then / sometimes
abajo	below / down / underneath
abeto, el	spruce, the
abogado, el	lawyer, the
abrigo, el	coat, the
abril, el	April
abrir	to open
abuela, la	grandmother, the
abuelo, el	grandfather, the
abuelos, los	grandparents, the

acabar	to end / to finish
accidente, el	accident, the
aceite de oliva, el	olive oil, the
aceite, el	oil, the
aceptar	to accept
acera, la	sidewalk, the
acompañar (a Manuel a la escuela)	to accompany (Manuel to school)
acontecimiento, el	event, the / occurrence, the
acordarse	to remember
actitud, la	attitude the / behavior, the
acuerdo, el	agreement, the / resolution, the
adinerado, -a	wealthy, prosperous, well-to-do
adios, el	farewell, the
adoctrinamiento, el	indoctrination, the
adoctrinar	to indoctrinate
adulto, el	adult, the
aeropuerto, el	airport, the
afán, el (en)	striving for, the
agosto, el	August
agotar	to consume / to exhaust / to run out
agua, el	water, the
aguacate, el	avocado, the
ahí	there
ahora	now
aire, el	air, the
aislamiento, el	insulation, the
ajo, el	garlic, the
al lado del mar	by the sea
albaricoque, el	apricot, the
alcanzar	to achieve / to attain / to reach
alegrarse (de)	to rejoice (at)
alegre	cheerful / bright
alegría, la	joy, the
alemán, -a	German
alemán, el / alemana, la	German, the
Alemania, la	Germany
alfombra, la	carpet, the
algo	something
alguien	someone
alguno, -a (+ Sustantivo)	some (+ Noun)
alguno, -a	any
allá	there

allí	there
almohada, la	cushion, the
almuerzo, el	lunch, the
alojamiento, el	accommodation, the
alquilar	to rent
alquiler, el	rental, the
alto, -a	high / loud
altura, la	height, the
alumno, el	pupil, the / student, the
alusión, la	hint, the / allusion, the
alzamiento, el	uprising, the
amar	to love
ambicioso, -a	ambitious
ambiente, el	environment, the
ámbito, el	scope, the
ambulancia, la	ambulance, the
amenazar	to threaten / to menace
americano	American
amiga, la	girlfriend, the
amigo, el	friend, the
amistad, la	friendship, the
amor, la	love, the
amueblado, -a	furnished
andar	to go
andén, el	platform, the
animal, el	animal, the
Anne y Charles compran la fruta y el pan	Anne and Charles buy fruit and bread
año, el	year, the
anoche	yesterday evening
anotar	to write down
ante	in view of / in the presence of
anteayer	the day before yesterday
antes	before
anticonceptivo, el	contraceptive, the
antojarse	to have a desire for
anual	yearly
anuncio, el	advertisement, the
apaciguar	to tame / to appease
aparcar (un coche)	to park (a car)
aparecer	to appear
aparición, la	occurrence, the / appearance, the

apellido, el	surname, the
apenas	hardly / scarce
apogeo, el	highlight, the
apoyo, el	support, the
aprender	to learn
aprobar	to approve / to pass / to authorize
aquí	here
aquí mismo	right here
árbol, el	tree, the
Argelia, la	Algeria
arma, la	weapon, the
armario empotrado, el	wall cupboard, the / built-in cupboard, the
armario, el	cupboard, the
arqueólogo, el	archaeologist, the
arroba, la	spider monkey (@), the / at sign, the
arroz, el	rice, the
arruinar	to ruin / to spoil
ascensor, el	elevator, the
así	so
asiduidad, la	assiduity, the
asiento, el	seat, the
asimismo	also / likewise
asistencia, la	assistance, the
asociación, la	association, the *(pol.)*
astillero, el	shipyard, the
asunto, el	matter, the
atasco, el	traffic jam, the
atención, la	attention, the
atentado, el	assassination, the
aterrizaje, el (avión)	landing, the (aircraft)
ático exterior, el	attic to the outside, the / attic to the street, the
ático, el	attic, the
atrás	back
através	through
atún, el	tuna, the
aun	even
aún	still / yet
aunque	although
auriculares, los	headphones, the

ausencia, la	absence, the
Austria, la	Austria
austríaco, el / austríaca, la	Austrian, the
autobús, el	bus, the
autopista, la	freeway, the
autosuficiente	self-sufficient / self-satisfied
ave, el	bird, the
avenida, la	avenue, the
aviación, la	aviation, the
avión, el	aircraft, the / plane, the
ayer	yesterday
ayuda, la	help, the
ayudar	to help
ayuntamiento, el	town hall, the
azafata, la	stewardess, the
azul	blue
bailar	to dance
baile, el	dance, the / dance ball, the
bajar	to reduce / to get down
bajo, -a	low
bajón, el	decline, the
balcón, el	balcony, the
balón de futból, el	soccer ball, the
balón, el	balloon, the
bañador, el	swimsuit, the
bañarse	to take a bath / to bathe
banco, el	bank, the *(money, sitting)*
bando, el	band, the
bañera, la	bathtub, the
baño, el	bathroom, the
barato, -a	cheap
barco, el	ship, the
barrio, el	neighborhood, the / city district, the
bastante	enough / quite
bastantes escoceses / irlandeses / galeses	quite a lot of Scots / Irish / Welsh
bebida, la	drink, the
belga, el / belga, la	Belgian, the
Bélgica, la	Belgium
bélico, -a	warlike
berenjena, la	eggplant, the
besar	to kiss

beso, el	kiss, the
bicicleta, la	bicycle, the
bien *(Adv.)*	well
bien, ¿y tú?	good, and you?
billete, el	ticket, the
biquini, el	bikini, the
bistec, el	steak, the
blanco, -a	white
bloqueo, el	blockade, the
blusa, la	blouse, the
boca, la	mouth, the
boda, la	wedding, the
boicot, el	boycott, the
boicotear	to boycott
bolígrafo, el	ballpoint pen, the
bollo, el	bread rolls, the / yeast pastries, the
bolsa, la	bag, the
bolso, el	handbag, the
bomba, la	pump, the
bonito, -a	beautiful / pretty
bosque, el	forest, the
bota, la	boot, the
botella, la	bottle, the
brazo, el	arm, the
breve	short
broma, la	joke, the
bucear	to dive
bueno, -a	good
bufanda, la	scarf, the
buque, el	(large) ship, the
buscar	to search / to look for
caballero, el	gentleman, the
cabello, el	hair, the
caber	to fit in
cabeza cuadrada, la	square-headed, the / stubborn, the
cabeza, la	head, the / skull, the
cable de carga, el	charging cable, the
cada	every, each
caer	to fall down
café solo, el	espresso, the
café, el	café, the / coffee, the

caja, la	box, the / checkout, the
cajón, el	drawer, the
calcetín, el	stocking, the / sock, the
calendario, el	calendar, the
calidad, la	quality, the
caliente	warm / hot
calle, la	street, the
calor, el	heat, the
calzoncillo, el	underpants, the
cama, la	bed, the
cámara, la	camera, the
camarera, la	waitress, the / chambermaid, the
camarero, el	bartender, the / waiter, the
cambiar	to change / to (re)exchange
cambiarse	(to change (*clothes*)
cambio, el	exchange, the / swap, the
cambio, el	change, the
camino, el	path, the
camión, el	truck, the
camisa, la	shirt, the
camiseta, la	T-shirt, the / undershirt, the
campo, el	field, the
Canadá	Canada
cancelar	to cancel
canción, la	song, the
cangrejo, el	crayfish, the
cansado, -a	exhausted / tired
cansar	to get tired
cantar	to sing
capa, la	shift, the / cape, the
capital, la	capital, the
cara, la	face, the
cargador, el	charger, the
cargar	to load
carne de ave, la	poultry, the
carne picada, la	minced meat, the
carne, la	meat, the
carnet joven, el	youth card, the
caro, -a	expensive / dear
carpeta, la	portfolio, the / briefcase, the
carretera, la	(country) road, the
carril, el	lane, the

carta, la	letter, the
casa, la	house, the
casado, -a	married
casarse	to marry
casco histórico	old town, the
casi	almost / approximately / nearly
caso, el	case, the
castor, el	beaver, the
catorce	fourteen
causa, la	reason, the
cebada, la	barley, the
cebolla, la	onion, the
ceder	to renounce / to give in
celebrar	to celebrate
celular, el	cell phone, the
cena, la	dinner, the
cenar	to have dinner
centeno, el	rye, the
céntimo, el	cent, the
centrar en	to concentrate on
centro urbano, el	city center, the
cepillo de dientes, el	toothbrush, the
cerca de	near
cero	zero
cerradura, la	door lock, the
cerrar	to close / to shut / to finalize
cesar	to end / to stop / to discontinue
chaleco salvavidas, el	lifejacket, the
chaqueta, la	jacket, the
checo, el / checa, la	Czech, the
chica, la	girl, the
chico, el	boy, the
chocar	to bounce
cicatriz, la	scar, the
cielo, el	heaven, the
cien	hundred
cierto, -a	sure
cinco	five
cincuenta	fifty
cine, el	cinema, the
citarse	to make an appointment
ciudad, la	city, the

ciudadano, el	citizen, the
civilizado, -a	civilized
clandestinidad, la	secrecy, the
claro,-a	clear / bright
clavo, el	nail, the
cliente, el	customer, the
clima, el	climate, the
cocer	to cook
coche, el	car, the
cocina amueblada, la	furnished kitchen, the
cocina, la	kitchen, the
coger	to take / to seize
coja la segunda calle a la izquierda	take the second street on the left
colada, la	laundry, the
Colombia, la	Colombia
color, el	color, the
comedor, el	dining room, the
comenzar	to begin / to start
comer	to eat
comida, la	lunch, the / meal, the
comienzo, el	beginning, the
como / ¿cómo?	how
cómodo, -a	convenient
compartir	to divide / to classify
compartir entre	distribute on
completo, -a	complete / occupied
comprar	to buy / to go shopping
comprender	to grasp / to understand
comprobar	to determine
con	with
con baño propio	with private bathroom
con derecho a	authorized for
concentrarse en	to concentrate on
condiciones laborales, las	working conditions, the
confabularse	to conspire
conforme	appropriate / compliant
connotación, la	secondary meaning, the / connotation, the
conocer	to know / to understand
conquistar	to conquer
construct	to build / to construct

consumir preferentemente antes de...	best before...
contar con	to count up / to count on
contemplar	to consider / to take into account
contento, -a	satisfied / happy
contestar	to answer
contestar a la pregunta	to answer the question
contienda, la	dispute, the / fight, the
continuar	to continue
contra	versus / vs.
contraer deudas	to get into debt
contrapartida, la	counterpart, the
contrato, el	contract, the
copa, la	cup, the / glass, the
corazón, el	heart, the
corbata, la	tie, the
cordillera, la	mountain range, the
correcto, -a	correct
correr	to walk / to run
corriendo	quickly
cortar	to restrict / to limit
cortar con alguien	to break up with someone
corte, el	cut, the
corte, la	court, the
cortés, cortesa	polite
cortesía, la	courtesy, the
corto, -a	short
cosa, la	thing, the
costa, la	coast, the
costar	to cost
cotidiano	everyday
crear	to create
creer	to believe
cruce, el	crossing, the
crucero, el	cruise, the
crucifijo, el	cross, the / crucifix, the
crudo, -a	raw
cruel	cruel
crueldad, la	cruelty, the / inhumanity, the
cruz, la	cross, the
cruzar	to cross
cual	the / which

cualquier, -a	any
cuando / ¿cuándo?	when / when?
cuanto / ¿cuánto?	how much, how much?
cuarenta	forty
cuarto del baño, el	bathroom, the
cuarto, el	room, the
cuatro	four
cubiertos, los	cutlery, the
cubo de basura, el	waste can, the
cubo, el	bucket, the
cubrir	to cover
cuchara, la	spoon, the
cuchillo, el	knife, the
cuenco, el	bowl, the
cuenta, la	invoice, the / account, the
cuero, el	leather, the
cuesta arriba	uphill
cuesta, la	slope, the / gradient, the
cuestionar / comprobar	to scrutinize
culminación, la	highlight, the
cumpleaños, el	birthday, the
cuyo, -a	whose
daga, la	dagger, the
danés, el / danesa, la / daneses, los	Dane, the / Danish, the
de camino a Madrid	on the way to Madrid
de corte	from the cut
de hecho	in fact / in reality
de paso	in passing / casually
de regreso a su casa	back home
de repente	suddenly
debajo	below
deber	to have to / must
deberes, los	homework, the
deberse	to be due to
debido a	owing to
decencia, la	decency, the / morality, the
decidir	to decide
decir	to say
decisión, la	decision, the
decisivo, -a	decisive
declaración, la	statement, the / explanation, the

declarar	to testify / to announce / to admit
declarar	to explain
dedo del pié, el	toe, the
dedo, el	finger, the
deficiente	inadequate
degenerar	to degenerate
degenerar en	to develop into
dejar	to leave / to allow / to abandon
dejar la meleta	to put down the suitcase
dejar paso	to clear the way
delante (de)	in front (of)
delante del cine	in front of the movie theater
delantera, la	lead, the
delatar	to betray
deletrear	to spell
deliberación, la	consultation, the
demás / los demás	other / the others
demasiado, -a	too much
demostración, la	evidence, the / demonstration, the
dentro	within / in
dentro de una semana	in one week from now
dentro de unos momentos	in a few moments
deportes, los	sports, the
deportivo, -a	sporty
deprisa	speedy
deprisa y corriendo	hastily
derecho, -a	right
derrota, la	defeat, the
desafiar	to defy
desaparecer	to disappear
desaprobación, la	disapproval, the
desarrollo, el	development, the
desatarse	to open (e.g. knots)
desayunar	to have breakfast
desabastecido / el producto es desabastecido	out / unsupplied / the product is not on stock
descendencia, la	descent, the
describir	to describe
descripción, la	description, the
desde	since
desde luego	of course / quite
desear	to wish

desembocar (en)	to lead to / to end up / to fall into (*river*)
deseo, el	wish, the
desgastar	to wear out / to consume
deshacer	to undo / to cancel
deshacer la maleta	to unpack the suitcase
deshecho	ready and exhausted
desierto, el	desert, the
desigual	unequal
desmembración, la	dissection, the
desnudo, -a	exposed / naked
desolador, -a	shattering / devastating
despacho, el	study, the / office, the
despegue, el	departure, the
despiedado, -a	merciless
después	afterwards / later
destacar	to emphasize / to stand out
destrucción, la	destruction, the
destruir	to destroy
determinante	decisive
determinar	to determine
detrás	behind
devolver	to return
día, el	day, the
diario	daily
diciembre, el	December
dictatorial	dictatorial
diecinueve	nineteen
dieciocho	eighteen
dleciséis	sixteen
diecisiete	seventeen
diente, el	tooth, the
diez	ten
diferencia, la	difference, the
diferente (de)	different (from)
difícil	difficult
dificultad, la	difficulty, the
difundir	to spread / to distribute
Dinamarca, la	Denmark
dinero suelto, el	loose change, the
dinero, el	money, the
Dios, el	God

diputado, el	member of parliament, the
dirección, la	address, the / direction, the
directo, -a	direct / straight
disfrutar (de algo)	to enjoy (something)
disminuir	to fall off / to sink / to ebb away
dispute, la	to dispute, the
disputar	to argue
distancia, la	distance, the
distanciamiento, el	distancing, the
distant	remote
distinguir	to distinguish
disturbio, el	unrest, the
divorcio, el	divorce, the
doble, el	double, the
doce	twelve
doctor, el	doctor, the
doler	to ache
dolor, el	pain, the
dominar	to dominate
domingo, el	Sunday
donde / ¿dónde?	where / where?
dormir	to sleep
dormitorio, el	bedroom, the
dos	two
droguería, la	drugstore, the
ducha, la	shower, the
duración, la	duration, the
durante	while (with nouns)
durazno, el / melocotón, el	peach, the
eclesiástico, -a	spiritual / ecclesiastical
edificio, el	building, the
educado, -a	educated / trained
efigie, la	replica, the
el	the
él / élla	he / she (unconnected)
electricista, el	electrician, the
electrodomésticos, los	household appliances, the
elegir	to choose / to select
ello / éllo	it
embajada, la	embassy, the
embarcar	to embark

emisora, la	radio station, the
empeorar	to deteriorate
empezar	to begin / to start
empleo, el	employment, the
empobrecer / empobrecerse	to make poor / to impoverish
en	in / on
en broma	as a joke
en el semáforo	at the traffic lights
en función de	depending on
en gran medida	on a large scale
en las afueras	in the outskirts
en seguida	immediately
enano, el	dwarf, the
encabezar	to lead
encantado, -a	delighted
encantar	to delight / to enchant
encarcelamiento, el	imprisonment, the
encargarse	to take care
encender	to light / to ignite
encender el motor	to start the engine
encendido, -a	burning / lighting
enchufe, el	plug, the / relationship, the
encima	above / over
encontrar	to meet / to be (at) / to encounter
endurecer	to harden / to toughen
enero, el	January
enfadado, -a	offended / angry / indignant
énfasis, la	emphasis, the
enfatizar	to emphasize
enfermedad, la	disease, the
enfermo, -a	ill / sick
enfrentamiento, el	confrontation, the
enfrentar	to confront
enfrentarse	to face each other
enfrente	opposite
enlace, el	connection, the
enlazar	to connect / to link / to have a connection
enojar	to annoy
enojo, el	trouble, the
ensalada, la	salad, the

enseñar	to show / to demonstrate / to teach / to instruct
entender	to understand / to comprehend
entero, -a	whole
entonces	then
entrada, la	entrance, the
entrar	to enter / to go in
entre	between
entredimiento, el	discovery, the
entretanto	in the meantime
enviar	to send
equipaje, el	luggage, the
equiparar	to equate / to equalize
equivocarse	to be wrong
Es todo.	That is all.
Es tu turno.	It's your turn.
escala de satisfacción, la	scale of satisfaction, the
escala, la	scale, the
escalera, la	stairs, the / ladder, the
escaparate, el	shop window, the
escasez, la	scarcity, the
escaso, -a	scarce / sparse
escoba, la	broom, the
escoger	to select / to choose
esconder	to hide
escribir	to write
escritorio, el	desk, the
escuchar	to listen
escuela, la	school, the
esfuerzo, el	effort, the
eso me pertenece	this is mine
espada, la	sword, the
España	Spain
español, -a	Spanish
español, el / española, la	Spaniard, the
especial	especial(ly)
espejo, el	mirror, the
esperanza, la	hope, the
esperar	to hope
esperar (el resultado)	to wait (for the result)
esposa, la	wife, the
esposo, el	husband, the

esquina, la	corner, the
estabilidad, la	stability, the
establecer(se)	to establish
estación de carga, la	charging station, the
estación, la	station, the
estado, el	state, the
Estados Unidos, los	United States, the
estallar	to erupt / to explode
estallido, el	explosion, the / eruption, the
estamento, el	property, the
estancia, la	stay, the
estar	to be / to be located
estar in vigor	to be in force (e.g. law)
este, el	East, the
estómago, el	stomach, the
estraperlo, el	black market, the
estrictamente / estricto, -a	strict
estudiar	to study
estudio, el	treatise, the / study, the
estupendo, -a	excellent
exacerbar	to aggravate / to exacerbate
exacto, -a	exactly / precisely
exaltación, la	exuberance, the / glorification, the
examinar	to check
excepción, la	exception, the
excepto	except
excusa, la	excuse, the
excusar	to apologize
existir	to be present / to exist
experimental	experience, the / sense, the
explicación, la	explanation, the
explicar	to explain
expresar	to express / to utter
expresión, la	expression, the
extrañarse de	to wonder about
extranjero, -a	foreign
extranjero, el / extranjera, la	foreigner, the
extraño, -a	strange
fácil	simple / easy / effortless
factura, la	invoice, the
falda, la	skirt, the

falta, la	error, the / defect, the
faltar	to miss
familia, la	family, the
famoso, -a	famous
fantástico, -a	fantastic
farmacia, la	pharmacy, the
faz, la	face, the
febrero, el	February
fecha, la	date, the
felicidad, la	happiness, the
felicitar	to congratulate
feliz	happy
feo, -a	ugly
ferrocarril, el	railroad, the
ferviente	enthusiastic
festivo, el / hoy es un festivo en Inglaterra	holiday, the / today is a holiday in England
fiesta familiar, la	family celebration, the
fiesta, la	festival, the
fin de semana, el	weekend, the
fin, el	end, the / purpose, the
final, el	goal, the
firmante, el	signatory, the
físico, -a	physical
flocos de avena, los	oat flocks, the
flor, la	flower, the
fontanero, el	plumber, the
fortuna, la	fortune, the
francés, el / francesa, la	Frenchman, the / Frenchwoman, the
Francia, la	France
fresco, -a	cheeky / bold / fresh / unspent
fricción, la	friction, the
frío, -a	cold
frío, el	cold, the
frontera, la	(national) border, the
fruta, la	fruit, the
fuego, el	fire, the
fuente, la	fountain, the
fuera	outside / outdoors / out

fuerte	strong / powerful
fumar	to smoke
futuro, -a, (el)	future (the)
gafas de sol, las	sunglasses, the
gafas, las	glasses, the
galleta, la	cookie, the
gamba, la	shrimp, the
ganas, las	desire to, the
garaje, el	garage, the
garante, el	guarantor, the
garantía, la	guarantee, the
garantizar	to guarantee
gasóleo, el	Diesel oil, the / gasoil, the
gasolina, la	gasoline, the
gasolinera, la	petrol station, the
gasto, el	effort, the / commitment, the
gastos, los	costs, the
gato, el	cat, the
gemelos, los	twins, the
generar	to produce / to generate
gente, la	people, the
gobierno, el	government, the
golpe de estado, el	coup, the
golpe, el	blow, the / stroke, the
golpear	to beat
gotado, -a	sold out
gozar (de algo)	to enjoy (something)
gracias	thanks
gracioso, -a	funny / humorous
grande	large
gratuito, -a	free of charge
gritar	to shout
grito, el	scream, the
grúa, la	crane, the
grueso, -a	thick
grupo, el	group, the
guante, el	glove, the

guerra, la	war, the
guía, el	tourist guide, the
gustar	to please / to taste
gusto, el	pleasure, the / taste, the
habitación doble, la	double room, the
habitación individual, la	single room, the
habitación, la	room, the
habitar (en)	to live (in)
hablar	to speak
hacer	to make / to do
hacer dinero	to make money
hacer photos	to take photos
hacer la maleta	to pack the suitcase
hacia	to (direction)
hallar	to find / to discover
hallarse	to stay
hambre, el	hunger, the
hasta entonces	until then
hay	there is, there are
heredar	to inherit
heredor, el	heir, the
herencia, la	heritage, the
herida, la	wound, the
hermana, la	sister, the
hermano, el	brother, the
hermanos, los	siblings, the
herramienta, la	tool, the
hicimos una reserva	we have reserved
hija, la	daughter, the
hijo, el	son, the
hinojo, el	fennel, the
hogar, el	stove, the
hojalata, la	tinplate, the / sheet metal, the
Hola	Hello
Hola a todos	Hello everyone
Hola, ¿qué tal?	Hello, how are you?
holandés, el / holandesa, la	Dutchman, the / Dutchwoman, the

hombre, el	man, the
hora, la	time, the / hour, the
horario laboral, el	working time, the
horario, el	timetable, the / schedule, the
hospital, el	hospital, the
hotel, el	hotel, the
hoy	today
huelga, la	strike, the
hueso, el	bone, the
huevo, el	egg, the
humilde	modest, simple
húngaro, el / húngara, la	Hungarian, the
Hungría, la	Hungary
ida y vuelta	there and back / round trip, the
idea, la	idea, the / thought, the
iglesia, la	church, the
igual	equal
igualmente	likewise
imagen, la	image, the
imaginarse	to imagine
impacto, el	influence, the / shock, the / effect, the
imparable	unsustainable (e.g. soccer)
implantar	to erect / to introduce
implantarse	to settle down / to naturalize
importancia, la	importance, the / significance, the
importante	important
importar	to be important
importe, el	amount, the
imposible	impossible
imposición, la	imposition, the
impresora, la	printer, the
incentivar	to encourage / to stimulate
indemnización, la	compensation, the
índole, el	nature, the
infelicidad, la	misfortune, the
infeliz	unhappy

influenciar / influir (en alguien)	to influence (someone)
información turística, la	tourist information, the
información, la	information, the
informar	to inform
informarse	to inform oneself
informático, el	computer scientist, the
ingeniero, el	engineer, the
Inglaterra, la	England
inglés, el / inglesa, la	Englishman, the / Englishwoman, the
inquietud, la	unrest, the
insistencia, la	emphasis, the
instalar	to install
instalarse	to settle in
inteligente	intelligent
interés, el	interest, the
interesante	interesting
Interesarse (por)	to take an interest (in)
inversión, la	investment, the / cancellation, the
invierno, el	winter, the
invitación, la	invitation, the
invitar	to invite
inyección, la	injection, the *(med.)*
ir	to go
ir a pie	to walk
ir de compras	to go shopping
irlandés, -a	Irish
irse	to go away
isla, la	island, the
Italia, la	Italy
italiano, el / italiana, la	Italian, the
izquierdo, -a	left
jabón, el	soap, the
jamás	never
jamón, el	ham, the
jardín, el	garden, the
jerarquía, la	hierarchy, the

jersey, el	sweater, the
joven	young
jóvenes, los	young people, the
joyas, las	jewelry, the
juego, el	game, the
jueves, el	Thursday
jugar	to play
julio, el	July
junio, el	June
junto a la ventana	at the window
junto, -a	together / besides
justo ahora	right now
justo, -a	fair / accurate / right
juzgado, el	court, the
la	the (fem.)
la una de la madrugada	1 o'clock in the morning
La camisa es demasiado grande.	The shirt is too big.
labio, el	lip, the
lado, el	page, the
lago, el	lake, the
lámpara, la	lamp, the
largo, -a	long
latifundio, el	large premises, the
lavabo, el	bathroom sink, the
lavar	to wash / to rinse
leal	loyal / faithful
leche, la	milk, the
leer	to read
lejos	far / far away
lengua, la	language, the
lento, -a	slowly
levantamiento, el	uprising, the
levantarse	to stand up
libertad, la	freedom, the
libre	free
libro, el	book, the
ligero, -a	(feather)light

limón, el	lemon, the
limpiar	to clean
limpio, -a	clean
lindo, -a	pretty / beautiful
línea, la	line, the
linterna, la	lantern, the
lío, el	love relationship, the
lista, la	list, the
listín de teléfonos, el	phone book, the
llamar	to nominate / to appoint
llamar	to call / to shout
llamar por teléfono	to phone / to call
llamarse	to be called
llave, la	key, the
llegada, la	arrival, the
llegar	to arrive
llenar	to fill
lleno, -a	full
llevar	to carry / to bring along
llevar a cabo	to achieve
llevarse sorpresas	to be surprised
llorar	to cry
llover	to rain
lluvia, la	rain, the
lo	that / it
loco, -a	crazy
lograr	to attain / to achieve
lugar, el	place, the / location, the
luna, la	moon, the
lunes, el	Monday
luz, la	light, the
madre, la	mother, the
madrugada, la	early in the morning
maduro, -a	ripe
maestro, el	teacher, the
maleta, la	suitcase, the
malo, -a	bad

mañana	tomorrow
mandíbula, la	jaw, the
mando, el	power, the / control, the
manera, la	way, the
mano, la	hand, the
manzana, la	apple, the
mapa, el	map, the
maquillaje, el	make-up, the
máquina, la	machine, the
mar, el	sea, the
marcar	to characterize
marchar	to march
marcharse	to go away
margen, el	margin, the / span, the
marido, el	husband, the
marrón	brown
Marruecos, los	Morocco
martes, el	Tuesday
martillo, el	hammer, the
marzo, el	March
más	more
matricular	to register / to authorize / to sign up
mayo, el	May
mayúscula, la	capital letter, the
me	me
me gusta	I like it
Me llamo María.	My name is Maria.
Me lo quedo.	I'll take that.
media pensión, la	half board, the
médico, el	doctor, the
medida, la	measurement, the / measure, the
medio ambiente, el	environment, the
medio, -a	average / medium
mediodía, el	noon, the
medir	to measure
mejor	better
mejora, la	improvement, the

memoria, la	memory, the
menor	less
mente, la	mind, the
mentir	to lie
mentira, la	lie, the
mercado negro, el	black market, the
mercado, el	market, the
mercancía, la	goods, the / merchandise, the
merendar	to have a snack
merienda, la	snack, the
mes, el	month, the
mesa de estudio, la	desk, the
mesa, la	table, the
mesilla, la	bedside table, the
método, el	method, the
metro, el	subway , the
mi	my, mine *(poss.)*
mí	I *(not binding)*
miedo, el	fear, the
miembro, el	member, the
mientras	while *(with verbs)*
miércoles, el	Wednesday
mil	thousand
milagro, el	miracle, the
minero, el	miner, the
minifundio, el	small agricultural business, the
minúscula, la	small letter, the
minuto, el	minute, the
mirador, el	viewpoint, the
mirar	to look / to see
mirar(se)	to look (at oneself)
mis	my *(poss., pl.)*
mismo	Itself / same
mitad, la	half, the
modo, el	way, the / mode, the
molestar	to disturb
molestia, la	harassment, the

momento, el	moment, the
moneda, la	money, the / currency, the
monedero, el	purse, the
monjo, el / monja, la	monk, the / nun, the
monopatín, el	skateboard, the
montaña, la	mountains, the / mountain range, the
monumento, el	monument, the
morir	to die
mostrar	to show / to reveal
motocicleta, la	motorcycle, the
mover	to move
mucho, -a	much
muerte, la	death, the
muerto, -a	dead
mujer, la	woman, the
mundo, el	world, the
muro, el	wall, the
museo, el	museum, the
música, la	music, the
muy	very
nacer	to be born
nada	nothing
nadar	to swim
nadie	nobody
naranja, la	orange, the
nariz, la	nose, the
naturaleza, la	nature, the
Navidad, la	Christmas
necesario	necessary
necesitar	to need
negar	to deny
negarse (a)	to refuse
negro, -a	black
nevar	to snow
nevera, la	refrigerator, the
ni ... ni	neither ... nor

ni siquiera	not even
nieta, la	granddaughter, the
nieto, el	grandson, the
nieve, la	snow, the
niña, la	little girl, the
ninguno, -a	none / no
niño, el	little boy, the / child, the
nivel, el	level, the
no	no / not
no todavía	not yet
noche, la	night, the / evening, the
nogal, el	nut tree, the
nombre, el	(first) name, the
normal	normal
norte, el	North, the
Noruega, la	Norway
noruego, el / noruega, la	Norwegian, the
nos	us (whom)
nosotros	we (not binding)
notable	considerable
noventa	ninety
novia, la	girlfriend, the
noviembre, el	November
novio, el	boyfriend, the
novios, los	bridal couple, the
nube, la	cloud, the
nuestro, -a	our (Poss., Sg.)
nueve	nine
nuevo, -a	new
número, el	number, the
nunca	never
nunca más	never again
o	or
obedecer	to obey / to follow
obligación, la	duty, the
obra maestra, la	masterpiece, the
obsesinado	obsessed

obstáculo, el	obstacle, the
ocasionar	to cause
ochenta	eighty
ocho	eight
octubre, el	October
odiar	to hate
odio, el	hate, the
oeste, el	West, the
oferta, la	offer the
oficial de policía, el	policeman, the
oír	to listen
ojo, el	eye, the
olivo, el	olive tree, the
olla, la	cooking pot, the
olvidar	to forget
once	eleven
opinión, la	opinion, the / view, the
oponer	to oppose
orden, el	order, the
ordenador, el	personal computer, the
oreja, la	ear, the
origen, el	origin, the
os	you (*whom, Pl.*)
oscuro, -a	dark
oso, el	bear, the
otoño, el	autumn, the
otorgar	to lend / to grant / to confer
otro	other, -r, -s / another
padre, el	father, the
padres, los	parents, the
pagar	to pay
página, la	(book) page, the
pago, el	payment, the
país, el	country, the
Países Bajos, los	Netherlands, the
pájaro, el	bird, the
palabra, la	word, the

pan, el	bread, the
panadería, la	bakery, the
pantalones, los	trousers (long), the
papel, el	paper, the
papel higiénico, el	toilet paper, the
paquete, el	package, the
para	for
para que *(+ conj.)*	with it / in order to
paraguas, el	umbrella, the
parecer	to have the appearance / to look like
pared, la	wall, the
pareja, la	couple, the
párking, el	parking garage, the
parque, el	park, the
parte, la	part, the
partida, la	departure, the
partido de fútbol, el	soccer game, the
partido político, el	party (*pol.*), the
partir	to depart / to leave
pasado	over / past
pasado, el	past, the
pasajero, el	passenger, the
pasaporte, el	(travel) passport, the
Pasar (el tiempo)	to spend (time)
pasar	to pass by
pasar la noche	to stay overnight
pasear	to stroll / to go for a walk
pasearse / dar un paseo	to go for a walk
paseo, el	walk, the
pastel, el	cake, the
patata,la	potato, the
patín, el	roller skate, the / ice skate, the
patinar	to skate
patines de línea, los	rollerblades, the
pato, el	duck, the
pausa, la	break, the

paz, la	peace, the
peatón, el	pedestrian, the
pechuga de pavo, la	turkey breast, the
pechuga de pollo, la	chicken breast, the
pedir	to ask for / to require / to order
pedir socorro	to ask for help
pedir un taxi	to order a cab
película, la	movie, the
peligro, el	danger, the
peligroso, -a	dangerous
pelo, el	hair, the
pelota de tenis, la	tennis ball, the
pelota, la	ball, the
pena, la	effort, the
pena, la	penalty, the
pensamiento, el	thought, the / sense, the
pensar	to think
pensión completa, la	full board (*hotel*), the
peor	worse
pepino, el	cucumber, the
pequeño, -a	small
pera, la	pear, the
percha, la	coat hanger, the
percibir	to perceive / to feel
perder	to lose
perderse	to get lost
perfecto, -a	perfect
perfilarse	to distinguish oneself / to stand out / to become visible
perfume, el	perfume, the
periódico, el	newspaper, the
permiso, el	permission, the
permitir	to allow
pero	but
perro, el	dog, the
persecución, la	persecution, the
persona, la	person, the

pescado, el	fish, the
petróleo, el	crude oil, the / petroleum, the
picante	hot (*meal*)
pié, el	foot, the
pieza, la	piece, the
pijama, el	pajamas, the
pimienta, la	pepper, the
pimiento, el	paprika, the
pino, el	pine, the
pintar	to paint
piso, el	floor, the
pisotear	to trample down
plagar	to plague
plano, el	plan, the
planta, la	plant, the
platano, el	plane tree, the
plátano, el	banana, the
plato, el	plate, the
playa, la	beach, the
plaza, la	place, the
población, la	population, the
pobre	poor
pobre, el/la	poor, the
pobreza, la	poverty, the
poco	little
poder	can
polaco, el / polaca, la	Pole, the / Polish, the
polémico, -a	disputed
policía, la	police, the
Polonia, la	Poland
poner	to set / to place / to lay
poner en marcha	to set in motion
por	because of
por	from / through
por cuenta ajena	for the account of others
por cuenta propia	on one's own account
por favor	please

por la noche	at night
por la tarde	in the evening
porque	because
posibilidad, la	possibility, the
posible	possible
posición, la	position, the
precio, el	price, the
precipitar	to fall down
precisar de algo	to need something
preciso, -a	exactly
preferir	to prefer
pregunta, la	question, the
preguntar	to ask
preguntar a alguien	to ask someone
preocupación, la	concern, the
preocupado	worried / very busy
presente	present
presionar (el botón / la tecla)	to press (the button)
presión de llanta, la	tire pressure, the
prestar	to borrow / to lend
pretender	to intend / to claim
primavera, la	spring, the
primero, -a	first
principio, el	beginning, the
prisión, la	prison, the
privilegiado, -a	privileged
probabilidad, la	probability, the
probable	probably
probar	to try
problema, el	problem, the
procedente (en)	originating from / descending from
prohibición, la	prohibition, the
prohibir	to prohibit
promesa, la	promise, the
prometer	to promise
promulgar	to proclaim / to announce
pronunciación, la	pronounciation, the

pronunciar	to pronounce
propiedad, la	property, the
propio, -a	own
proporcionar	to provide
propósito, el	intention, the / plan, the
próximo, -a	next
psíquico, -a	psychic
pueblo, el	village, the
puede ser	can be / may be
puente, el	bridge, the
puerta de casa, la	front door, the
puerta, la	door, the
puerto, el	port, the
pues	therefore
puesta en práctica	to put into practice
puesto, el	place, the
pulmón, el	lung, the
pulsera, la	bracelet, the
punto, el	point, the
puntuación, la	rating, the / school grade, the / score, the
que	which / the
quedar	to remain / to stay behind
quedarse quieto	to stay still
querer	to want / to like / to love
queso, el	cheese, the
Quiero cambiar esto.	I would like to exchange this one.
quieto, -a	quiet
quince	fifteen
quitar	to take away, to remove, to eliminate
quizás	perhaps
rabia, la	anger, the
radio, la	radio, the
radiografía, la	x-ray image, the
rápido, -a	fast
raro, -a	rare

rasgo, el	function, the / trait, the / property, the
rato, el	moment, the / while, the
Raúl escucha canciones.	Raúl listens to songs.
razón, la	reason, the / cause, the
realizar	to realize / to execute
rebajas, las	sale, the / discount, the
recelo, el	suspicion, the
recepción, la	reception, the
recibir	to receive / to get
recibo, el	receipt, the
reciente	recent
recoger	to pick up / to collect
recordar	to remember
recortar	to shorten / to cut off
recuerdo, el	memory, the
reforzar	to strengthen / to intensify
regalo, el	gift, the
regla, la	rule, the
regreso, el	return, the
reina, la	queen, the
Reino Unido, el	United Kingdom, the
reír	to laugh
reírse (en)	to mock / to laugh at
reivindicación, la	claim, the / recovery, the
relámpago, el	lightning, the
reloj de pulsera, el	wristwatch, the
reloj, el	clock, the
remordimiento, el	remorse, the
renta, la	income, the
reparación, la	repair, the
reparar	to repair
reparto, el	cast, the
repaso, el	review, the
repercusión, la	effect, the / resonance, the
repetición, la	repetition, the
repetir	to repeat

reportaje, el	coverage, the
república, la	republic, the
rescatar	to save / to reclaim
reservar	to reserve
residente, el	inhabitant, the
resolverse	to clear / to dissolve
respaldar	to support
respetuoso, -a	reverent / respectful
responder	to answer / to respond
respuesta, la	answer, the / response, the
restaurante, el	restaurant, the
resto, el	remainder, the
resultado, el	result, the
retrato, el	portrait, the
revuelta, la	revolt, the
rey, el	king, the
rico, -a	rich
riesgo, el	risk, the
río, el	river, the
roble, el	oak, the
roca, la	rock, the
rojo, -a	red
romper	to break
ropa interior, la	underwear, the
ropa, la	wardrobe, the / clothing that
ruido, el	noise, the
ruidoso, -a	noisy
sábado, el	Saturday
saber	to know / can
sabiduría, la	wisdom, the / knowledge, the
sabio, -a	wise / clever
sacar dinero	to withdraw money
sal, la	salt, the
sala de espera, la	waiting room, the
sala de estar, la	living room, the
sala de recogida de equipajes, la	baggage hall, the
salario, el	salary, the / wage, the

salida, la	exit, the / departure, the
salir	to get out / to leave / go out / to depart
salir con alguien	to go with someone
salmón, el	salmon, the
salón, el	living room, the
salud, la	health, the
saludar	to greet / to welcome
saludo, el	greeting, the
sangriento, -a	bloody / cruel
sano, -a	healthy
saqueo, el	looting, the
satisfacción, la	satisfaction, the / contentment, the
satisfacer	to satisfy / to fulfill
se	itself
se fue	he / she / it went away
sed, la	thirst, the
seguida, la	consequence, the
seguir	to follow
segundo, -a	second
segundo, el / segunda, la	second, the
seguridad, la	security, the
seguro, -a	sure / safe
seis	six
semáforo, el	traffic light, the
semana, la	week, the
señalar	to signalize / to mark
sencillo, -a	simple
señor, el	lord, the / sir, the
señora, la	woman, the
señorito, el	young man, the
sentar	to sit
sentencia, la	judgment, the (court)
sentimiento, el	feeling, the
sentir	to sense / to feel
septiembre, el	September
ser	to be / belong to

ser amigo de alguien	to be friend with someone
servicio, el	toilet, the
servir	to serve
sesenta	sixty
setenta	seventy
si	if / when / whether
sí	yes
siempre	always
sierra, la	mountain, the / saw, the
siete	seven
significación, la	significance, the
significar	to mean
significativo, -a	significant / meaningful
signo, el	(pre)sign, the
siguiente	following
silencio, el	silence, the / calm, the
silla, la	seat, the
silla, la	chair, the
sillón, el	armchair, the
simpático, -a	likeable / sympathetic
simple	simple
sin	without
sincero, -a	honest
sino	but / otherwise
sitio, el	place, the
situación, la	situation, the
sobre	about / on
socorro, el	help, the
sofá, el	sofa, the
sol, el	sun, the
soler hacer	to usually do
sólo	only
solo, -a	only / alone / lonely
soltero, -a	single
solución, la	solution, the
sombra, la	shadow, the
sombrero, el	hat, the

Son 4 euros con 50.	That makes 4.50 euros.
soñar	to dream
sonreír	to smile
sorprender	to surprise
sorpresa, la	surprise, the
sospechar	to suspect
sospechoso, -a / receloso, -a	suspicious
sospechoso, el	suspect, the
sótano, el	cellar, the
su	his / her / their *(Poss.)*
su	your, yours *(Poss. Sg.)*
suavizar	to soften
subir	to get in / to climb
súbito	suddenly
sublevación, la	uprising, the
sucio, -a	dirty, filthy
Suecia, la	Sweden
sueco, el / sueca, la	Swede, the
sueldo, el	wage, the / salary, the
suelo, el	soil, the
sueño, el	dream, the
suerte, la	happiness, the
sufrir	to suffer / to endure
Suiza, la	Switzerland, the
suizo, el / suiza, la	Swiss, the
sumir	to press down
supermercado, el	supermarket, the
sur, el	South, the
sus	their *(poss., pl.)*
sustituir	to replace
suyo, -a	her, his
tajante(mente)	cutting / sharp
tal	such (-r, -s)
tal vez	perhaps
taller, el	workshop, the
también	also
tampoco	neither

tan	so
tan pronto como	as soon as
tanto	so much
tardar	to last
tarde	late
tarde, la	afternoon, the
tardío	late / slow
tarjeta de crédito, la	credit card, the
tarjeta de débito, la	bank card, the / EC card, the
tarro, el	jar, the
taxista, el	cab driver, the
taza, la	cup, the
te	you
te quiero	I love you.
té, el	tea, the
teatro, el	theater, the
tecla, la	button, the
teléfono, el	telephone, the
televisor, el	television, the
tema, el	topic, the
temer	to fear / to dread
temperatura, la	temperature, the
temprano	early
tenedor, el	fork, the
tener	to have (*to possess*)
tener casa	to have (got) a house
tener lugar	to take place
tener mal al estómago	to have a stomach pain
tener que	must
tener sueño	to be tired / to be sleepy
tengo 42 años	I am 42 years old
tengo que pensar	I have to think
tentempié, el	snack, the
terminar	to finalize / to finish
terraza, la	terrace, the / balcony, the
terrible	terrible / awful
testarudo, -a	stubborn / obstinate

tía, la	aunt, the
tiempo de posguerra, el	post-war period, the
tiempo, el	time, the
tiempo, el	weather, the
tienda, la	store, the
tierra, la	earth, the / land, the
tijeras, las	scissors, the
tío, el	uncle, the
toalla, la	towel, the
tocadiscos, el	record player, the
tocar	to touch
todavía	still / yet
todo	total / all
todo recto hasta	always straight ahead until
todo, -a	any / everyone
toma, la	ingestion, the
tomar	to take
tomar asiento	to take a seat
tomar el sol	to sunbathe
tomar una bebida	to have a drink
tomate, el	tomato, the
toparse con	to encounter
tormenta, la	thunderstorm, the
tornillo, el	screw, the
trabajar	to work
trabajo, el	work, the
traductor, el	translator, the
traer	to bring
tráfico, el	traffic, the
traje, el	suit, the
tramar	to instigate / to plan
tranquilidad, la	peace, the / silence, the
tranquilo, -a	quiet
transmisión automática, la	automatic gearbox, the
transmisión manual, la	manual gearbox, the
transmitir	to impart / to pass on
tratamiento, el	treatment, the

tratar	to treat
trayectoria, la	trajectory, the / course, the / life path, the
trece	thirteen
treinta	thirty
tren, el	train, the
tres	three
trigo, el	Wheat, the
trucha, la	trout, the
trueno, el	thunder, the
tu	your *(poss. sg.)*
tú	you
turista, el	tourist, the
tus	your *(poss., pl.)*
tuyo	yours
último, -a	last
un	a
un poco	a little
un, una	one
único, -a	unique / one of a kind
universidad, la	university, the
uno	one
unos, unas	some
usado, -a	used
usar	to use
uso, el	use, the
útil	useful
vacaciones, las	vacation, the
vacío, -a	empty
valioso, -a	valuable
valle, el	valley, the
valorar	to assess / to appreciate
vaquero, el	cowboy, the
vaqueros, los	jeans, the
varias veces	several times
varonil	male / manly
vaso, el	glass, the / cup, the

vecino, el / vecina, la	neighbor, the
veinte	twenty
velocidad, la	speed, the
vender	to sell
venir	to come
venta, la	sale, the
ventaja, la	advantage, the
ventana, la	window, the
ventilador, el	ventilator, the
ver	to see
verano, el	summer, the
verdad, la	truth, the
verde	green
vestido, -a	clothed
vestido, el	dress, the
vestigio, el	trace, the
vestir(se)	to dress (oneself)
vez, la (diez veces)	time, the (ten times)
vía, la	path, the
viajar	to travel
viaje, el	journey, the / trip, the
vida, la	life, the
viejo, -a	old
viento, el	wind, the
viernes, el	Friday
vigente	actual / current
vinagre, el	vinegar, the
vino tinto, el	red wine, the
vino, el	wine, the
visita, la	visit, the
visitar	to visit
vista, la	view, the
vivir	to live
volar	to fly
voluntad, la	will, the
volver	to return / to reverse
vosotros	you (pl., not binding)

voz, la	voice, the
vuelo, el	flight, the
vuelta, la	rotation, the / return, the
vuestro, -a (vuestra casa)	your *(poss., sg.)* (your house)
y	and
ya	already
ya no	no longer
ya que	because
yo	me
yogur, el	yogurt, the
zapatilla, la	slipper, the
zapato, el	shoe, the
zona peatonal, la	pedestrian zone, the
zumo, el	juice, the

13.2 English / Spanish

English	Spanish
(book page), the	página, la
(country) road, the	carretera, la
(feather)light	ligero, -a
(first) name, the	nombre, el
(in)stable	(in)estable
(large) ship, the	buque, el
(national) border, the	frontera, la
(pre)sign, the	signo, el
(to look at)	mirar(se)
(travel) passport, the	pasaporte, el
1 o'clock in the morning	la una de la madrugada
8 out of 10 patients complain of pain	8 de cada 10 pacientes quejan de dolor
a	un
a little	un poco
A warm welcome!	¡Bienvenidos!
about / on	sobre
above / over	encima
absence, the	ausencia, la
accident, the	accidente, el
accommodation, the	alojamiento, el
across / through / over	a través de
actual / current	vigente
address, the / direction, the	dirección, la
adult, the	adulto, el
advantage, the	ventaja, la
advertisement, the	anuncio, el
afternoon, the	tarde, la
afterwards / later	después
agreement, the / resolution, the	acuerdo, el
air, the	aire, el
aircraft, the / plane, the	avión, el
airport, the	aeropuerto, el
Algeria	Argelia, la
almost / approximately / nearly	casi
already	ya
also	también
also / likewise	asimismo

although	aunque
always	siempre
always straight ahead until	todo recto hasta
ambitious	ambicioso, -a
ambulance, the	ambulancia, la
American	americano
amount, the	importe, el
and	y
And what now?	¿Y ahora qué?
anger, the	rabia, la
animal, the	animal, el
Anne and Charles buy fruit and bread.	Anne y Charles compran la fruta y el pan.
answer, the / response, the	respuesta, la
any	alguno, -a
any	cualquier, -a
any / everyone	todo, -a
apple, the	manzana, la
appropriate / compliant	conforme
apricot, the	albaricoque, el
April	abril, el
archaeologist, the	arqueólogo, el
Are you already being served?	¿Ya le atienden?
arm, the	brazo, el
armchair, the	sillón, el
around / at / on	a
arrival, the	llegada, la
as a joke	en broma
as long as	a medida que
as soon as	tan pronto como
assassination, the	atentado, el
assiduity, the	asiduidad, la
assistance, the	asistencia, la
association, the (pol.)	asociación, la
at a quarter past seven	a las siete y cuarto
at a quarter to seven	a un cuarto para las siete
at five o'clock in the afternoon	a las cinco de la tarde
at four o'clock in the morning	a las cuatro de la mañana
at half past seven	a las siete y media
at night	por la noche

at one o'clock	a la una
at the traffic lights	en el semáforo
at the window	junto a la ventana
attention, the	atención, la
attic to the outside, the / attic to the street, the	ático exterior, el
attic, the	ático, el
attitude the / behavior, the	actitud, la
August	agosto, el
aunt, the	tía, la
Austria	Austria, la
Austrian, the	austríaco, el / austríaca, la
authorized for	con derecho a
automatic gearbox, the	transmisión automática, la
autumn, the	otoño, el
avenue, the	avenida, la
average / medium	medio, -a
aviation, the	aviación, la
avocado, the	aguacate, el
back	atrás
back home	de regreso a su casa
bad	malo, -a
bag, the	bolsa, la
baggage hall, the	sala de recogida de equipajes, la
bakery, the	panadería, la
balcony, the	balcón, el
ball, the	pelota, la
balloon, the	balón, el
ballpoint pen, the	bolígrafo, el
banana, the	plátano, el
band, the	bando, el
bank card, the / EC card, the	tarjeta de débito, la
bank, the *(money, sitting)*	banco, el
barley, the	cebada, la
bartender, the / waiter, the	camarero, el
bathroom sink, the	lavabo, el
bathroom, the	baño, el
bathroom, the	cuarto del baño, el
bathtub, the	bañera, la
beach, the	playa, la

bear, the	oso, el
beautiful / pretty	bonito, -a
beaver, the	castor, el
because	porque
because	ya que
because of	por
bed, the	cama, la
bedroom, the	dormitorio, el
bedside table, the	mesilla, la
before	antes
beginning, the	comienzo, el
beginning, the	principio, el
behind	detrás
Belgian, the	belga, el / belga, la
Belgium	Bélgica, la
below	debajo
below / down / underneath	abajo
best before...	consumir preferentemente antes de...
better	mejor
between	entre
bicycle, the	bicicleta, la
bikini, the	biquini, el
bird, the	ave, el
bird, the	pájaro, el
birthday, the	cumpleaños, el
black	negro, -a
black market, the	estraperlo, el
black market, the	mercado negro, el
blockade, the	bloqueo, el
bloody / cruel	sangriento, -a
blouse, the	blusa, la
blow, the / stroke, the	golpe, el
blue	azul
bone, the	hueso, el
book, the	libro, el
boot, the	bota, la
bottle, the	botella, la
bowl, the	cuenco, el
box, the / checkout, the	caja, la
boy, the	chico, el

boycott, the	boicot, el
boyfriend, the	novio, el
bracelet, the	pulsera, la
bread rolls, the / yeast pastries, the	bollo, el
bread, the	pan, el
break, the	pausa, la
bridal couple, the	novios, los
bridge, the	puente, el
broom, the	escoba, la
brother, the	hermano, el
brown	marrón
bucket, the	cubo, el
building, the	edificio, el
burning / lighting	encendido, -a
bus, the	autobús, el
but	pero
but / otherwise	sino
button, the	tecla, la
by the sea	al lado del mar
cab driver, the	taxista, el
café, the / coffee, the	café, el
cake, the	pastel, el
calendar, the	calendario, el
camera, the	cámara, la
can	poder
can be / may be	puede ser
Canada	Canadá
capital letter, the	mayúscula, la
capital, the	capital, la
car, the	coche, el
carpet, the	alfombra, la
case, the	caso, el
Cash or by card?	¿Con efectivo o con tarjeta?
cast, the	reparto, el
cat, the	gato, el
cell phone, the	celular, el
cellar, the	sótano, el
cent, the	céntimo, el
chair, the	silla, la
change, the	cambio, el

charger, the	cargador, el
charging cable, the	cable de carga, el
charging station, the	estación de carga, la
cheap	barato, -a
cheeky / bold / fresh / unspent	fresco, -a
cheerful / bright	alegre
cheese, the	queso, el
chicken breast, the	pechuga de pollo, la
Christmas	Navidad, la
church, the	iglesia, la
cinema, the	cine, el
citizen, the	ciudadano, el
city center, the	centro urbano, el
city, the	ciudad, la
civilized	civilizado, -a
claim, the / recovery, the	reivindicación, la
clean	limpio, -a
clear / bright	claro,-a
climate, the	clima, el
clock, the	reloj, el
clothed	vestido, -a
cloud, the	nube, la
coast, the	costa, la
coat hanger, the	percha, la
coat, the	abrigo, el
cold	frío, -a
cold, the	frío, el
Colombia	Colombia, la
color, the	color, el
compensation, the	indemnización, la
complete / occupied	completo, -a
computer scientist, the	informático, el
concern, the	preocupación, la
confrontation, the	enfrentamiento, el
connection, the	enlace, el
consequence, the	seguida, la
considerable	notable
consultation, the	deliberación, la
contraceptive, the	anticonceptivo, el
contract, the	contrato, el

convenient	cómodo, -a
cookie, the	galleta, la
cooking pot, the	olla, la
corner, the	esquina, la
correct	correcto, -a
costs, the	gastos, los
counterpart, the	contrapartida, la
country, the	país, el
coup, the	golpe de estado, el
couple, the	pareja, la
court, the	corte, la
court, the	juzgado, el
courtesy, the	cortesía, la
coverage, the	reportaje, el
cowboy, the	vaquero, el
crane, the	grúa, la
crayfish, the	cangrejo, el
crazy	loco, -a
credit card, the	tarjeta de crédito, la
cross, the	cruz, la
cross, the / crucifix, the	crucifijo, el
crossing, the	cruce, el
crude oil, the / petroleum, the	petróleo, el
cruel	cruel
cruelty, the / inhumanity, the	crueldad, la
cruise, the	crucero, el
cucumber, the	pepino, el
cup, the	taza, la
cup, the / glass, the	copa, la
cupboard, the	armario, el
cushion, the	almohada, la
customer, the	cliente, el
cut, the	corte, el
cutlery, the	cubiertos, los
cutting / sharp	tajante(mente)
Czech, the	checo, el / checa, la
dagger, the	daga, la
daily	diario
dance, the / dance ball, the	baile, el
Dane, the / Danish, the	danés, el / danesa, la / daneses, los

danger, the	peligro, el
dangerous	peligroso, -a
dark	oscuro, -a
date, the	fecha, la
daughter, the	hija, la
day, the	día, el
dead	muerto, -a
death, the	muerte, la
December	diciembre, el
decency, the / morality, the	decencia, la
decision, the	decisión, la
decisive	decisivo, -a / determinante
decline, the	bajón, el
defeat, the	derrota, la
delighted	encantado, -a
Denmark	Dinamarca, la
departure, the	despegue, el
departure, the	partida, la
depending on	en función de
descent, the	descendencia, la
description, the	descripción, la
desert, the	desierto, el
desire to, the	ganas, las
desk, the	escritorio, el
desk, the	mesa de estudio, la
despite	a pesar de
destruction, the	destrucción, la
development, the	desarrollo, el
dictatorial	dictatorial
Diesel oil, the / gasoil, the	gasóleo, el
difference, the	diferencia, la
different (from)	diferente (de)
difficult	difícil
difficulty, the	dificultad, la
dining room, the	comedor, el
dinner, the	cena, la
direct / straight	directo, -a
dirty, filthy	sucio, -a
disapproval, the	desaprobación, la
discovery, the	entredimiento, el

disease, the	enfermedad, la
dispute, the / fight, the	contienda, la
disputed	polémico, -a
dissection, the	desmembración, la
distance, the	distancia, la
distancing, the	distanciamiento, el
divorce, the	divorcio, el
doctor, the	doctor, el
doctor, the	médico, el
dog, the	perro, el
door lock, the	cerradura, la
door, the	puerta, la
double room, the	habitación doble, la
double, the	doble, el
drawer, the	cajón, el
dream, the	sueño, el
dress, the	vestido, el
drink, the	bebida, la
drugstore, the	droguería, la
duck, the	pato, el
duration, the	duración, la
Dutchman, the / Dutchwoman, the	holandés, el / holandesa, la
duty, the	obligación, la
dwarf, the	enano, el
ear, the	oreja, la
early	temprano
early in the morning	madrugada, la
earth, the / land, the	tierra, la
East, the	este, el
educated / trained	educado, -a
effect, the / resonance, the	repercusión, la
effort, the	esfuerzo, el / pena, la
effort, the / commitment, the	gasto, el
egg, the	huevo, el
eggplant, the	berenjena, la
eight	ocho
eighteen	dieciocho
eighty	ochenta
electrician, the	electricista, el
elevator, the	ascensor, el

eleven	once
embassy, the	embajada, la
emphasis, the	énfasis, la
employment, the	empleo, el
empty	vacío, -a
end, the / purpose, the	fin, el
engineer, the	ingeniero, el
England	Inglaterra, la
Englishman, the / Englishwoman, the	inglés, el / inglesa, la
enough / quite	bastante
enthusiastic	ferviente
entrance, the	entrada, la
environment, the	ambiente, el / medio ambiente, el
equal	igual
error, the / defect, the	falta, la
especial(ly)	especial
espresso, the	café solo, el
even	aun
event, the / occurrence, the	acontecimiento, el
every, each	cada
everyday	a diario
everyday	cotidiano
evidence, the / demonstration, the	demostración, la
exactly	preciso, -a
exactly / precisely	exacto, -a
excellent	estupendo, -a
except	excepto
exception, the	excepción, la
exchange, the / swap, the	cambio, el
excuse, the	excusa, la
exhausted / tired	cansado, -a
exit, the / departure, the	salida, la
expensive / dear	caro, -a
experience, the / sense, the	experimental
explanation, the	explicación, la
explosion, the / eruption, the	estallido, el
exposed / naked	desnudo, -a
expression, the	expresión, la
exuberance, the / glorification, the	exaltación, la
eye, the	ojo, el

face, the	cara, la
face, the	faz, la
fair / accurate / right	justo, -a
family celebration, the	fiesta familiar, la
family, the	familia, la
famous	famoso, -a
fantastic	fantástico, -a
far / far away	lejos
farewell, the	adios, el
fast	rápido, -a
father, the	padre, el
fear, the	miedo, el
February	febrero, el
feeling, the	sentimiento, el
fennel, the	hinojo, el
festival, the	fiesta, la
field, the	campo, el
fifteen	quince
fifty	cincuenta
fight, the	pelea, la
finger, the	dedo, el
fire, the	fuego, el
first	primero, -a
fish, the	pescado, el
five	cinco
flight, the	vuelo, el
floor, the	piso, el
flower, the	flor, la
following	siguiente
foot, the	pié, el
for	para
for the account of others	por cuenta ajena
foreign	extranjero, -a
foreigner, the	extranjero, el / extranjera, la
forest, the	bosque, el
fork, the	tenedor, el
fortune, the	fortuna, la
forty	cuarenta
fountain, the	fuente, la
four	cuatro

fourteen	catorce
France	Francia, la
free	libre
free of charge	gratuito, -a
freedom, the	libertad, la
freeway, the	autopista, la
Frenchman, the / Frenchwoman, the	francés, el / francesa, la
friction, the	fricción, la
Friday	viernes, el
friend, the	amigo, el
friendship, the	amistad, la
from / through	por
from the cut	de corte
front door, the	puerta de casa, la
fruit, the	fruta, la
funny / humorous	gracioso, -a
full	lleno, -a
full board (*hotel*), the	pensión completa, la
function, the / trait, the / property, the	rasgo, el
furnished	amueblado, -a
furnished kitchen, the	cocina amueblada, la
future (the)	futuro, -a, (el)
game, the	juego, el
granddaughter, the	nieta, la
garage, the	garaje, el
garden, the	jardín, el
garlic, the	ajo, el
gasoline, the	gasolina, la
gentleman, the	caballero, el
German	alemán, -a
German, the	alemán, el / alemana, la
Germany	Alemania, la
gift, the	regalo, el
girl, the	chica, la
girlfriend, the	amiga, la / novia, la
Give me a call!	¡Llámame!
glass, the / cup, the	vaso, el
glasses, the	gafas, las
glove, the	guante, el
goal, the	final, el

God	Dios, el
good	bueno, -a
Good afternoon! (after noon, early evening)	¡Buenas tardes!
Good evening!	¡Buenas tardes! *or:* ¡Buenas noches!
Good luck!	¡Mucha suerte!
Good morning!	¡Buenos días!
Good night!	¡Buenas noches!
good, and you?	bien, ¿y tú?
Goodbye!	¡Adiós!
goods, the / merchandise, the	mercancía, la
government, the	gobierno, el
granddaughter, the	nieta, la
grandfather, the	abuelo, el
grandmother, the	abuela, la
grandparents, the	abuelos, los
grandson, the	nieto, el
green	verde
greeting, the	saludo, el
group, the	grupo, el
guarantee, the	garantía, la
guarantor, the	garante, el
hair, the	cabello, el / pelo, el
half board, the	media pensión, la
half, the	mitad, la
ham, the	jamón, el
hammer, the	martillo, el
hand, the	mano, la
handbag, the	bolso, el
happiness, the	felicidad, la
happiness, the / luck, the	suerte, la
happy	feliz
harassment, the	molestia, la
hardly / scarce	apenas
hastily	deprisa y corriendo
hat, the	sombrero, el
hate, the	odio, el
Have fun!	¡Pásalo bien!
he / she *(unconnected)*	él / élla
he / she / it went away	se fue

head, the / skull, the	cabeza, la
headphones, the	auriculares, los
health, the	salud, la
healthy	sano, -a
heart, the	corazón, el
heat, the	calor, el
heaven, the	cielo, el
height, the	altura, la
heir, the	heredor, el
Hello everyone!	¡Hola a todos!
Hello!	¡Buenos días! / ¡Hola!
Hello! (on the phone)	¡Dígame!
Hello, how are you?	Hola, ¿qué tal?
help, the	ayuda, la
help, the / rescue, the	socorro, el
her, his	suyo, -a
here	aquí
heritage, the	herencia, la
hierarchy, the	jerarquía, la
high / loud	alto, -a
highlight, the	apogeo, el / culminación, la
hint, the / allusion, the	alusión, la
his / her / their (Poss.)	su
holiday, the / today is a holiday in England	festivo, el / hoy es un festivo en Inglaterra
homework, the	deberes, los
honest	sincero, -a
hope, the	esperanza, la
hospital, the	hospital, el
hot (meal)	picante
hotel, the	hotel, el
house, the	casa, la
household appliances, the	electrodomésticos, los
How / how?	como / ¿cómo?
How are you doing?	¿Cómo está? / ¿Cómo estás?
How are you?	¿Qué tal?
How do I get to the center?	¿Cómo llego al centro?
How much is it?	¿Cuánto cuesta esto? / ¿Cuánto es?
how much, how much?	cuanto / ¿cuánto?
How strange!	¡Qué raro!

hundred	cien
Hungarian, the	húngaro, el / húngara, la
Hungary	Hungría, la
hunger, the	hambre, el
husband, the	esposo, el /marido, el
I am 42 years old.	tengo 42 años.
I have to think	tengo que pensar
I like it	me gusta
I love you.	te quiero
I would like to exchange this one.	Quiero cambiar esto.
idea, the / thought, the	idea, la
if / when / whether	si
ill / sick	enfermo, -a
I'll take that.	Me lo quedo.
image, the	imagen, la
immediately	en seguida
importance, the / significance, the	importancia, la
important	importante
imposition, the	imposición, la
impossible	imposible
imprisonment, the	encarcelamiento, el
improvement, the	mejora, la
in / on	en
in a few moments	dentro de unos momentos
in fact / in reality	de hecho
in front (of)	delante (de)
in front of the movie theater	delante del cine
in one week from now	dentro de una semana
in passing / casually	de paso
in the evening	por la tarde
in the meantime	entretanto
in the outskirts	en las afueras
in view of / in the presence of	ante
inadequate	deficiente
income, the	renta, la
indoctrination, the	adoctrinamiento, el
influence, the / shock, the / effect, the	impacto, el
information, the	información, la
ingestion, the	toma, la
inhabitant, the	residente, el / habitante, el

injection, the *(med.)*	inyección, la
insulation, the	aislamiento, el
intelligent	inteligente
intention, the / plan, the	propósito, el
interest, the	interés, el
interesting	interesante
investment, the / cancellation, the	inversión, la
invitation, the	invitación, la
invoice, the	factura, la
account, the	cuenta, la
Irish	irlandés
island, the	isla, la
it	ello / éllo
It's your turn.	Es tu turno.
Italian, the	italiano, el / italiana, la
Italy	Italia, la
itself	se
Itself / same	mismo
jacket, the	chaqueta, la
January	enero, el
jar, the	tarro, el
jaw, the	mandíbula, la
jeans, the	vaqueros, los
jewelry, the	joyas, las
joke, the	broma, la
journey, the / trip, the	viaje, el
joy, the	alegría, la
judgment, the *(court)*	sentencia, la
juice, the	zumo, el
July	julio, el
June	junio, el
key, the	llave, la
king, the	rey, el
kiss, the	beso, el
kitchen, the	cocina, la
knife, the	cuchillo, el
lake, the	lago, el
lamp, the	lámpara, la
landing, the (aircraft)	aterrizaje, el (avión)
lane, the	carril, el

language, the	lengua, la
lantern, the	linterna, la
large	grande
large premises, the	latifundio, el
last	último, -a
late	tarde
late / slow	tardío
laundry, the	colada, la
lawyer, the	abogado, el
lead, the	delantera, la
leather, the	cuero, el
left	izquierdo, -a
lemon, the	limón, el
less	menor
letter, the	carta, la
level, the	nivel, el
lie, the	mentira, la
life, the	vida, la
lifejacket, the	chaleco salvavidas, el
light, the	luz, la
lightning, the	relámpago, el
likeable / sympathetic	simpático, -a
likewise	igualmente
line, the	línea, la
lip, the	labio, el
list, the	lista, la
little	poco
little boy, the / child, the	niño, el
little girl, the	niña, la
living room, the	sala de estar, la
living room, the	salón, el
long	largo, -a
loose change, the	dinero suelto, el
looting, the	saqueo, el
lord, the / sir, the	señor, el
love relationship, the	lío, el
love, the	amor, la
low	bajo, -a
loyal / faithful	leal
luck, the	suerte, la

luggage, the	equipaje, el
lunch, the	almuerzo, el
lunch, the / meal, the	comida, la
lung, the	pulmón, el
machine, the	máquina, la
make-up, the	maquillaje, el
male / manly	varonil
man, the	hombre, el
manual gearbox, the	transmisión manual, la
map, the	mapa, el
March	marzo, el
margin, the / span, the	margen, el
market, the	mercado, el
married	casado, -a
masterpiece, the	obra maestra, la
matter, the	asunto, el
May	mayo, el
me	me / yo
me *(not binding)*	mí
measurement, the / measure, the	medida, la
meat, the	carne, la
member of parliament, the	diputado, el
member, the	miembro, el
memory, the	memoria, la
memory, the	recuerdo, el
merciless	despiedado, -a
method, the	método, el
milk, the	leche, la
minced meat, the	carne picada, la
mind, the	mente, la
miner, the	minero, el
minute, the	minuto, el
miracle, the	milagro, el
mirror, the	espejo, el
misfortune, the	infelicidad, la
modest, simple	humilde
moment, the	momento, el
moment, the / while, the	rato, el
Monday	lunes, el
money, the	dinero, el

money, the / currency, the	moneda, la
monk, the / nun, the	monjo, el / monja, la
month, the	mes, el
monument, the	monumento, el
moon, the	luna, la
more	más
Morocco	Marruecos, los
mother, the	madre, la
motorcycle, the	motocicleta, la
mountain range, the	cordillera, la
mountain, the / saw, the	sierra, la
mountains, the / mountain range, the	montaña, la
mouth, the	boca, la
movie, the	película, la
much	mucho, -a
museum, the	museo, el
music, the	música, la
must	tener que
my (poss., pl.)	mis
My name is Maria.	Me llamo María.
my, mine (poss.)	mi
nail, the	clavo, el
nature, the	índole, el
nature, the	naturaleza, la
near	cerca de
necessary	necesario
neighbor, the	vecino, el / vecina, la
neighborhood, the / city district, the	barrio, el
neither	tampoco
neither ... nor	ni ... ni
Netherlands, the	Países Bajos, los
never	jamás / nunca
never again	nunca más
new	nuevo, -a
newspaper, the	periódico, el
next	próximo, -a
Nice to meet you! (female, male speaker)	¡Encantada / Encantado de conocerte!
night, the / evening, the	noche, la
nine	nueve

nineteen	diecinueve
ninety	noventa
no / not	no
no longer	ya no
nobody	nadie
noise, the	ruido, el
noisy	ruidoso, -a
none / no	ninguno, -a
noon, the	mediodía, el
normal	normal
North, the	norte, el
Norway	Noruega, la
Norwegian, the	noruego, el / noruega, la
nose, the	nariz, la
not even	ni siquiera
not yet	no todavía
nothing	nada
November	noviembre, el
now	ahora
now and then / sometimes	a veces
number, the	número, el
nut tree, the	nogal, el
oak, the	roble, el
oat flocks, the	flocos de avena, los
obsessed	obsesinado
obstacle, the	obstáculo, el
occurrence, the / appearance, the	aparición, la
October	octubre, el
of course / quite	desde luego
offended / angry / indignant	enfadado, -a
offer the	oferta, la
oil, the	aceite, el
old	viejo, -a
old town, the	casco histórico
olive oil, the	aceite de oliva, el
olive tree, the	olivo, el
on a large scale	en gran medida
on one's own account	por cuenta propia
on the way to Madrid	de camino a Madrid
one	un, una

one	uno
onion, the	cebolla, la
only	sólo
only / alone / lonely	solo, -a
opinion, the / view, the	opinión, la
opposite	enfrente
or	o
orange, the	naranja, la
order, the	orden, el
origin, the	origen, el
originating from / descending from	procedente (en)
other / the others	demás / los demás
other, -r, -s / another	otro
our (Poss., Sg.)	nuestro, -a
out / unsupplied / the product is not on stock	desabastecido / el producto es desabastecido
outside / outdoors / out	fuera
over / past	pasado
owing to	debido a
own	propio, -a
package, the	paquete, el
page, the	lado, el
pain, the	dolor, el
pajamas, the	pijama, el
paper, the	papel, el
paprika, the	pimiento, el
parents, the	padres, los
park, the	parque, el
parking garage, the	párking, el
part, the	parte, la
party (pol.), the	partido político, el
passenger, the	pasajero, el
past, the	pasado, el
path, the	camino, el / vía, la
payment, the	pago, el
peace, the	paz, la
peace, the / silence, the	tranquilidad, la
peach, the	durazno, el / melocotón, el
pear, the	pera, la
pedestrian, the	peatón, el

pedestrian zone, the	zona peatonal, la
penalty, the	pena, la
people, the	gente, la
pepper, the	pimienta, la
perfect	perfecto, -a
perfume, the	perfume, el
perhaps	quizás
perhaps	tal vez
permission, the	permiso, el
persecution, the	persecución, la
person, the	persona, la
personal computer, the	ordenador, el
petrol station, the	gasolinera, la
pharmacy, the	farmacia, la
phone book, the	listín de teléfonos, el
physical	físico, -a
piece, the	pieza, la
pine, the	pino, el
place, the	plaza, la / puesto, el / sitio, el
place, the / location, the	lugar, el
plan, the	plano, el
plane tree, the	platano, el
plant, the	planta, la
plate, the	plato, el
platform, the	andén, el
please	por favor
Please!	¡Por favor!
pleasure, the / taste, the	gusto, el
plug, the / relationship, the	enchufe, el
plumber, the	fontanero, el
point, the	punto, el
Poland	Polonia, la
Pole, the / Polish, the	polaco, el / polaca, la
police, the	policía, la
policeman, the	oficial de policía, el
polite	cortés, cortesa
poor	pobre
poor, the	pobre, el/la
population, the	población, la
port, the	puerto, el

portfolio, the / briefcase, the	carpeta, la
portrait, the	retrato, el
position, the	posición, la
possibility, the	posibilidad, la
possible	posible
post-war period, the	tiempo de posguerra, el
potato, the	patata, la
poultry, the	carne de ave, la
poverty, the	pobreza, la
power, the / control, the	mando, el
present	presente
pretty / beautiful	lindo, -a
price, the	precio, el
printer, the	impresora, la
prison, the	prisión, la
privileged	privilegiado, -a
probability, the	probabilidad, la
probably	probable
probably / perhaps	a lo mejor
problem, the	problema, el
prohibition, the	prohibición, la
promise, the	promesa, la
pronounciation, the	pronunciación, la
property, the	propiedad, la
psychic	psíquico, -a
pump, the	bomba, la
pupil, the / student, the	alumno, el
purse, the	monedero, el
quality, the	calidad, la
queen, the	reina, la
question, the	pregunta, la
quickly	corriendo
quiet	quieto, -a
quiet	tranquilo, -a
quite a lot of Scots / Irish / Welsh	bastantes escoceses / irlandeses / galeses
radio station, the	emisora, la
radio, the	radio, la
railroad, the	ferrocarril, el
rain, the	lluvia, la

rare	raro, -a
rating, the / school grade, the / score, the	puntuación, la
Raúl listens to songs.	Raúl escucha canciones.
raw	crudo, -a
ready and exhausted	deshecho
reason, the	causa, la
reason, the / cause, the	razón, la
recent	reciente
receipt, the	recibo, el
reception, the	recepción, la
record player, the	tocadiscos, el
red	rojo, -a
red wine, the	vino tinto, el
refrigerator, the	nevera, la
remainder, the	resto, el
remorse, the	remordimiento, el
remote	distant
rental, the	alquiler, el
repair, the	reparación, la
repetition, the	repetición, la
replica, the / effigy, the	efigie, la
republic, the	república, la
restaurant, the	restaurante, el
result, the	resultado, el
return, the	regreso, el
reverent / respectful	respetuoso, -a
review, the	repaso, el
revolt, the	revuelta, la
rice, the	arroz, el
rich	rico, -a
right	derecho, -a
right here	aquí mismo
right now	justo ahora
ripe	maduro, -a
risk, the	riesgo, el
river, the	río, el
rock, the	roca, la
roller skate, the / ice skate, the	patín, el
rollerblades, the	patines de línea, los

room, the	cuarto, el
room, the	habitación, la
rotation, the / return, the	vuelta, la
rule, the	regla, la
rye, the	centeno, el
salad, the	ensalada, la
salary, the / wage, the	salario, el
sale, the	venta, la
sale, the / discount, the	rebajas, las
salmon, the	salmón, el
salt, the	sal, la
satisfaction, the / contentment, the	satisfacción, la
satisfied / happy	contento, -a / satisfecho, -a
Saturday	sábado, el
scale of satisfaction, the	escala de satisfacción, la
scale, the	escala, la
scar, the	cicatriz, la
scarce / sparse	escaso, -a
scarcity, the	escasez, la
scarf, the	bufanda, la
school, the	escuela, la
scissors, the	tijeras, las
scope, the	ámbito, el
scream, the	grito, el
screw, the	tornillo, el
sea, the	mar, el
seat, the	asiento, el
seat, the	silla, la
second	segundo, -a
second, the	segundo, el / segunda, la
secondary meaning, the / connotation, the	connotación, la
secrecy, the	clandestinidad, la
security, the	seguridad, la
See you later!	¡Hasta luego!
See you next time!	¡Hasta la próxima!
See you soon!	¡Hasta pronto!
See you tomorrow!	¡Hasta mañana!
self-sufficient / self-satisfied	autosuficiente
September	septiembre, el

seven	siete
seventeen	diecisiete
seventy	setenta
several times	varias veces
shadow, the	sombra, la
shattering / devastating	desolador, -a
shift, the / cape, the	capa, la
ship, the	barco, el
shipyard, the	astillero, el
shirt, the	camisa, la
shoe, the	zapato, el
shop window, the	escaparate, el
short	breve
short	corto, -a
shower, the	ducha, la
shrimp, the	gamba, la
siblings, the	hermanos, los
sidewalk, the	acera, la
signatory, the	firmante, el
significance, the	significación, la
significant / meaningful	significativo, -a
silence, the / calm, the	silencio, el
simple	sencillo, -a
simple	simple
simple / easy / effortless	fácil
since	desde
single	soltero, -a
single room, the	habitación individual, la
sister, the	hermana, la
situation, the	situación, la
six	seis
sixteen	dieciséis
sixty	sesenta
skateboard, the	monopatín, el
skirt, the	falda, la
Sleep well!	¡Que duermas bien!
slipper, the	zapatilla, la
slope, the / gradient, the	cuesta, la
slowly	lento, -a
small	pequeño, -a

small agricultural business, the	minifundio, el
small letter, the	minúscula, la
snack, the	merienda, la
snack, the	tentempié, el
snow, the	nieve, la
so	así
so	tan
so much	tanto
soap, the	jabón, el
soccer game, the	partido de fútbol, el
soccer ball, the	balón de futból, el
social class, the	clase social, la
sofa, the	sofá, el
soil, the	suelo, el
sold out	gotado, -a
solution, the	solución, la
some	unos, unas
some (+ Noun)	alguno, -a (+ Sustantivo)
someone	alguien
something	algo
son, the	hijo, el
song, the	canción, la
South, the	sur, el
Spain	España
Spaniard, the	español, el / española, la
Spanish	español, -a
speed, the	velocidad, la
speedy	deprisa
spider monkey (@), the / at sign, the	arroba, la
spiritual / ecclesiastical	eclesiástico, -a
spoon, the	cuchara, la
sports, the	deportes, los
sporty	deportivo, -a
spring, the	primavera, la
spruce, the	abeto, el
square-headed, the / stubborn, the	cabeza cuadrada, la
stability, the	estabilidad, la
stairs, the / ladder, the	escalera, la
state, the	estado, el
statement, the / explanation, the	declaración, la

station, the	estación, la
stay, the	estancia, la
steak, the	bistec, el
stewardess, the	azafata, la
still / yet	aún / todavía
stocking, the / sock, the	calcetín, el
stomach, the	estómago, el
store, the	tienda, la
stove, the	hogar, el
strange	extraño, -a
street, the	calle, la
strict	estrictamente / estricto, -a
strike, the	huelga, la
striving for, the	afán, el (en)
strong / powerful	fuerte
stubborn / obstinate	testarudo, -a
study, the / office, the	despacho, el
subway , the	metro, el
such (-r, -s)	tal
suddenly	de repente
suddenly	súbito
suit, the	traje, el
suitcase, the	maleta, la
summer, the	verano, el
sun, the	sol, el
Sunday	domingo, el
sunglasses, the	gafas de sol, las
supermarket, the	supermercado, el
support, the	apoyo, el
sure	cierto, -a
sure / safe	seguro, -a
surname, the	apellido, el
surprise, the	sorpresa, la
suspect, the	sospechoso, el
suspicion, the	recelo, el
suspicious	sospechoso, -a / receloso, -a
sweater, the	jersey, el
Swede, the	sueco, el / sueca, la
Sweden	Suecia, la
swimsuit, the	bañador, el

Swiss, the	suizo, el / suiza, la
Switzerland, the	Suiza, la
sword, the	espada, la
table, the	mesa, la
Take a look!	¡Mira!
Take care of yourself!	¡Cuídate!
take the second street on the left	coja la segunda calle a la izquierda
tea, the	té, el
teacher, the	maestro, el
telephone, the	teléfono, el
television, the	televisor, el
temperature, the	temperatura, la
ten	diez
tennis ball, the	pelota de tenis, la
terrace, the / balcony, the	terraza, la
terrible / awful	terrible
Thank you for your hospitality!	¡Muchas gracias por su hospitalidad!
Thank you very much!	¡Muchas gracias!
Thank you!	¡Gracias!
thanks	gracias
that / it	lo
That is all.	Es todo.
That makes 4.50 euros.	Son 4 euros con 50.
the	el / la
the / which	cual
the day before yesterday	anteayer
The shirt is too big.	La camisa es demasiado grande.
theater, the	teatro, el
Their *(poss., pl.)*	sus
then	entonces
there	ahí / allá / allí
there and back / round trip, the	ida y vuelta
there is, there are	hay
therefore	pues
thick	grueso, -a
thing, the	cosa, la
thirst, the	sed, la
thirteen	trece
thirty	treinta
this is mine	eso me pertenece

thought, the / sense, the	pensamiento, el
thousand	mil
three	tres
through	através
thunder, the	trueno, el
thunderstorm, the	tormenta, la
Thursday	jueves, el
ticket, the	billete, el
tie, the	corbata, la
time, the	tiempo, el
time, the (ten times)	vez, la (diez veces)
time, the / hour, the	hora, la
timetable, the / schedule, the	horario, el
tinplate, the / sheet metal, the	hojalata, la
tire pressure, the	presión de llanta, la
to (direction)	hacia
to accept	aceptar
to accompany (Manuel to school)	acompañar (a Manuel a la escuela)
to ache	doler
to achieve	llevar a cabo
to achieve / to attain / to reach	alcanzar
to aggravate / to exacerbate	exacerbar
to allow	permitir
to annoy	enojar
to answer	contestar
to answer / to respond	responder
to answer the question	contestar a la pregunta
to apologize	excusar
to appear	aparecer
to approve / to pass / to authorize	aprobar
to argue	disputar
to arrive	llegar
to ask	preguntar
to ask for / to require / to order	pedir
to ask for help	pedir socorro
to ask someone	preguntar a alguien
to assess / to appreciate	valorar
to attain / to achieve	lograr
to be / belong to	ser
to be / to be located	estar

to be born	nacer
to be called	llamarse
to be due to	deberse
to be friend with someone	ser amigo de alguien
to be important	importar
to be in force (e.g. law)	estar in vigor
to be present / to exist	existir
to be surprised	llevarse sorpresas
to be tired / to be sleepy	tener sueño
to be wrong	equivocarse
	golpear
to begin / to start	comenzar
to begin / to start	empezar
to believe	creer
to betray	delatar
to borrow / to lend	prestar
to bounce	chocar
to boycott	boicotear
to break	romper
to break up with someone	cortar con alguien
to bring	traer
to build / to construct	construir
to buy / to go shopping	comprar
to call / to shout	llamar
to cancel	cancelar
to carry / to bring along	llevar
to cause	ocasionar
to celebrate	celebrar
to change / to (re)exchange	cambiar
to change (*clothes*)	cambiarse
to characterize	marcar
to check	examinar / verificar
to choose / to select	elegir
to clean	limpiar
to clear / to dissolve	resolverse
to clear the way	dejar paso
to close / to shut / to finalize	cerrar
to come	venir
to concentrate on	centrar en
to confront	enfrentar

to congratulate	felicitar
to connect / to link / to have a connection	enlazar
to conquer	conquistar
to consider / to take into account	contemplar / considerar
to conspire	confabularse
to consume / to exhaust / to run out	agotar
to continue	continuar
to cook	cocer
to cost	costar
to count up / to count on	contar con
to cover	cubrir
to create	crear
to cross	cruzar
to cry	llorar
to dance	bailar
to decide	decidir
to defy	desafiar
to degenerate	degenerar
to delight / to enchant	encantar
to deny	negar
to depart / to leave	partir
to describe	describir
to destroy	destruir
to deteriorate	empeorar
to determine	comprobar
to determine	determinar
to develop into	degenerar en
to die	morir
to disappear	desaparecer
to display / to reveal	mostrar
to dispute	disputar
to distinguish	distinguir
to distinguish oneself / to stand out / to become visible	perfilarse
to distribute on / to share between	compartir entre
to disturb	molestar
to dive	bucear
to divide / to classify	compartir
to dominate	dominar

to dream	soñar
to dress (oneself)	vestir(se)
to eat	comer
to embark	embarcar
to emphasize	enfatizar
to emphasize / to stand out	destacar
to encounter	toparse con
to encourage / to stimulate	incentivar
to end / to finish	acabar
to end / to stop / to discontinue	cesar
to enjoy (something)	disfrutar (de algo)
to enjoy (something)	gozar (de algo)
to enter / to go in	entrar
to equate / to equalize	equiparar
to erect / to introduce	implantar
to erupt / to explode	estallar
to establish	establecer(se)
to explain	declarar
to explain	explicar
to express / to utter	expresar
to face each other	enfrentarse
to fall down	caer / precipitar
to fall off / to sink / to ebb away	disminuir
to fear / to dread	temer
to fill	llenar
to finalize / to finish	terminar
to find / to discover	hallar
to fit in	caber
to fly	volar
to follow	seguir
to forget	olvidar
to get in / to climb	subir
to get into debt	contraer deudas
to get lost	perderse
to get out / to leave / go out / to depart	salir
to get tired	cansar
to go	andar / ir
to go away	irse
to go away	marcharse
to go for a walk	pasearse / dar un paseo

to go shopping	ir de compras
to go with someone	salir con alguien
to grasp / to understand	comprender
to greet / to welcome	saludar
to guarantee	garantizar
to harden / to toughen	endurecer
to hate	odiar
to have (got) a house	tener casa
to have (*to possess*)	tener
to have a desire for	antojarse
to have a drink	tomar una bebida
to have a snack	merendar
to have a stomach pain	tener mal al estómago
to have breakfast	desayunar
to have dinner	cenar
to have the appearance / to look like	parecer
to have to / must	deber
to help	ayudar
to hide	esconder
to hope	esperar
to imagine	imaginarse
to impart / to pass on	transmitir
to indoctrinate	adoctrinar
to influence (someone)	influenciar / influir (en alguien)
to inform	informar
to inform oneself	informarse
to inherit	heredar
to install	instalar
to instigate / to plan	tramar
to intend / to claim	pretender
to invite	invitar
to kiss	besar
to know ≠ can	saber ≠ poder
to know / to understand	conocer
to last	tardar
to laugh	reír
to lead	encabezar
to lead to / to end up / to fall into (*river*)	desembocar (en)
to learn	aprender

to leave / to allow / to abandon	dejar
to lend / to grant / to confer	otorgar
to lie	mentir
to light / to ignite	encender
to listen	escuchar / oír
to live	vivir
to live (in)	habitar (en)
to load	cargar
to look / to see	mirar
to look for	buscar
to lose	perder
to love	amar
to make / to do	hacer
to make an appointment	citarse
to make poor / to impoverish	empobrecer / empobrecerse
to make money	hacer dinero
to march	marchar
to marry	casarse
to mean	significar
to measure	medir
to meet / to be (at) / to encounter	encontrar
to miss	faltar
to mock / to laugh at	reírse (en)
to move	mover
to need	necesitar
to need something	precisar de algo
to nominate / to appoint	llamar
to obey / to follow	obedecer
to open	abrir
to open (e.g. knots)	desatarse
to oppose	oponer
to order a cab	pedir un taxi
to pack the suitcase	hacer la maleta
to paint	pintar
to park (a car)	aparcar (un coche)
to pass by	pasar
to pay	pagar
to perceive / to feel	percibir
to phone / to call	llamar por teléfono
to pick up / to collect	recoger / venir a buscar

to plague	plagar
to play	jugar
to please / to taste	gustar
to prefer	preferir
to press (the button)	presionar (el botón / la tecla)
to press down	sumir
to proclaim / to announce	promulgar
to produce / to generate	producir / generar
to prohibit	prohibir
to promise	prometer
to pronounce	pronunciar
to provide	proporcionar
to put down the suitcase	dejar la meleta
to put into practice	poner en práctica
to rain	llover
to read	leer
to realize / to execute	realizar / ejecutar
to receive / to get	recibir
to reduce / to get down	bajar
to refuse	negarse (a)
to register / to authorize / to sign up	matricular
to rejoice (at)	alegrarse (de)
to remain / to stay behind	quedar
to remember	acordarse
to remember	recordar
to renounce / to give in	ceder
to rent	alquilar
to repair	reparar
to repeat	repetir
to replace	sustituir
to reserve	reservar
to restrict / to limit	cortar
to return	devolver
to return / to reverse	volver
to ruin / to spoil	arruinar
to satisfy / to fulfill	satisfacer
to save / to reclaim	rescatar
to say	decir
to scrutinize	cuestionar / comprobar
to search / to look for	buscar

to see	ver
to select / to choose	escoger
to sell	vender
to send	enviar
to sense / to feel	sentir
to serve	servir
to set / to place / to lay	poner
to set in motion	poner en marcha
to settle down / to naturalize	implantarse
to settle in	instalarse
to shorten / to cut off	recortar
to shout	gritar
to show	mostrar
to show / to demonstrate / to teach / to instruct	enseñar
to signalize / to mark	señalar
to sing	cantar
to sit	sentar
to skate	patinar
to sleep	dormir
to smile	sonreír
to smoke	fumar
to snow	nevar
to soften	suavizar
to speak	hablar
to spell	deletrear
to spend (time)	pasar (el tiempo)
to spread / to distribute	difundir
to stand up	levantarse
to start the engine / to start driving	encender el motor / arrancar
to stay	hallarse
to stay overnight	pasar la noche
to stay still	quedarse quieto
to strengthen / to intensify	reforzar
to stroll / to go for a walk	pasear
to study	estudiar
to suffer / to endure	sufrir
to sunbathe	tomar el sol
to support	respaldar / apoyar
to surprise	sorprender

to suspect	sospechar
to swim	nadar
to take	tomar
to take / to seize	coger
to take a bath / to bathe	bañarse
to take a seat	tomar asiento
to take an interest (in)	interesarse (por)
to take away, to remove, to eliminate	quitar
to take care	encargarse
to take photos	hacer photos
to take place	tener lugar
to tame / to appease	apaciguar
to testify / to announce / to admit	declarar
to think	pensar
to threaten / to menace	amenazar
to touch	tocar
to trample down	pisotear
to travel	viajar
to treat	tratar
to try	probar
to understand / to comprehend	entender
to undo / to cancel	deshacer
to unpack the suitcase	deshacer la maleta
to use	usar
to usually do	soler hacer
to visit	visitar
to wait (for the result)	esperar (el resultado)
to walk	ir a pie
to walk / to run	correr
to want / to like / to love	querer
to wash / to rinse	lavar
to wear out / to consume	desgastar
to wish	desear
to withdraw money	sacar dinero
to wonder about	extrañarse de
to work	trabajar
to write	escribir
to write down	anotar
today	hoy
toe, the	dedo del pié, el

together / besides	junto, -a
toilet, the	servicio, el
toilet paper, the	papel higiénico, el
tomato, the	tomate, el
tomorrow	mañana
too much	demasiado, -a
tool, the	herramienta, la
tooth, the	diente, el
toothbrush, the	cepillo de dientes, el
topic, the	tema, el
total / all	todo
tourist guide, the / tour guide, the	guía, el
tourist information, the	información turística, la
tourist, the	turista, el
towel, the	toalla, la
town hall, the	ayuntamiento, el
trace, the	vestigio, el
traffic jam, the	atasco, el
traffic light, the	semáforo, el
traffic, the	tráfico, el
train, the	tren, el
trajectory, the / course, the / life path, the	trayectoria, la
translator, the	traductor, el
treatise, the / study, the	estudio, el
treatment, the	tratamiento, el
tree, the	árbol, el
trouble, the	enojo, el
trousers (long), the	pantalones, los
trout, the	trucha, la
truck, the	camión, el
truth, the	verdad, la
T-shirt, the / undershirt, the	camiseta, la
Tuesday	martes, el
tuna, the	atún, el
turkey breast, the	pechuga de pavo, la
twelve	doce
twenty	veinte
twins, the	gemelos, los
two	dos

ugly	feo, -a
umbrella, the	paraguas, el
uncle, the	tío, el
underpants, the	calzoncillo, el
underwear, the	ropa interior, la
unequal	desigual
unhappy	infeliz
unique / one of a kind	único, -a
United Kingdom, the	Reino Unido, el
United States, the	Estados Unidos, los
university, the	universidad, la
unrest, the	disturbio, el
unrest, the	inquietud, la
unsustainable	Imparable, insostenible
until then	hasta entonces
uphill	cuesta arriba
uprising, the	alzamiento, el
uprising, the	levantamiento, el
uprising, the	sublevación, la
us (whom)	nos
use, the	uso, el
used	usado, -a
useful	útil
vacation, the	vacaciones, las
valley, the	valle, el
valuable	valioso, -a
ventilator, the	ventilador, el
versus / vs.	contra
very	muy
Very pleased!	¡Mucho gusto!
view, the	vista, la
viewpoint, the	mirador, el
village, the	pueblo, el
vinegar, the	vinagre, el
visit, the	visita, la
voice, the	voz, la
wage, the / salary, the	sueldo, el
Wait!	¡Espera!
waiting room, the	sala de espera, la
waitress, the / chambermaid, the	camarera, la

walk, the	paseo, el
wall cupboard, the / built-in cupboard, the	armario empotrado, el
wall, the	muro, el / pared, la
war, the	guerra, la
wardrobe, the / clothing that	ropa, la
warlike	bélico, -a
warm / hot	caliente
waste can, the	cubo de basura, el
water, the	agua, el
way, the	manera, la
way, the / mode, the	modo, el
we (not binding)	nosotros
we have reserved	hicimos una reserva
wealthy, prosperous, well-to-do	adinerado, -a
weapon, the	arma, la
weather, the	tiempo, el
wedding, the	boda, la
Wednesday	miércoles, el
week, the	semana, la
weekend, the	fin de semana, el
well	bien (Adv.)
West, the	oeste, el
What do you want?	¿Qué desea?
What is your name?	¿Cómo te llamas?
wheat, the	trigo, el
when / when?	cuando / ¿cuándo?
where / where?	donde / ¿dónde?
which / the	que
while (with nouns)	durante
while (with verbs)	mientras
white	blanco, -a
whole	entero, -a
whose	cuyo, -a
why?	¿por qué?
wife, the	esposa, la
will, the	voluntad, la
wind, the	viento, el
window, the	ventana, la
wine, the	vino, el

winter, the	invierno, el
wisdom, the / knowledge, the	sabiduría, la
wise / clever	sabio, -a
wish, the	deseo, el
with	con
with it / in order to	para que *(+ conj.)*
with private bathroom	con baño propio
within / in	dentro
without	sin
woman, the	mujer, la
woman, the	señora, la
word, the	palabra, la
work, the	trabajo, el
working conditions, the	condiciones laborales, las
working time, the	horario laboral, el
workshop, the	taller, el
world, the	mundo, el
worried / very busy	preocupado
worse	peor
wound, the	herida, la
wristwatch, the	reloj de pulsera, el
x-ray image, the	radiografía, la
year, the	año, el
yearly	anual
yes	sí
yesterday	ayer
yesterday evening	anoche
yogurt, the	yogur, el
you *(object)*	te
you *(subject)*	tú
you (pl., not binding)	vosotros
you (whom, Pl.)	os
You are welcome!	¡De nada!
young	joven
young man, the	señorito, el
young people, the	jóvenes, los
your (poss. sg.)	tu
your (poss., pl.)	tus
your (poss., sg.) (your house)	vuestro, -a (vuestra casa)
your, yours (Poss. Sg.)	su

yours	tuyo
youth card, the	carnet joven, el
zero	cero